Contents

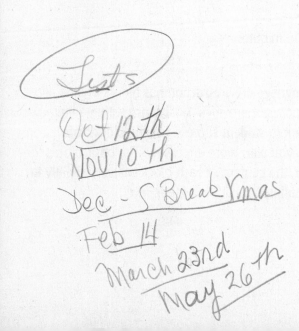

Tests
Oct 12th
Nov 10th
Dec - S Break Xmas
Feb 14
March 23rd
May 26th

Planning for Instruction

The purpose of this booklet is to provide guidelines, suggestions, and sample lesson plans to help you plan and teach effectively with *Invitations to Literacy*. As you become more familiar with the organization and components of the program, feel free to modify the lesson plans to meet the unique needs of your classroom.

Introduction

The ideal amount of time for integrated language arts instruction varies by grade level.

- **Kindergarten:** half-day or full-day schedule influences amount of instructional time
- **Grades 1–2:** 150 minutes, minimum
- **Grades 3–6:** 90 minutes, minimum

Independent reading and writing are essential elements of an integrated language arts lesson plan. Time allocated for these activities should be in addition to reading and language arts instructional time.

Independent Reading: Students select their own books and other materials to read. The suggested time allotment is

- **Kindergarten–Grade 1:** 10–15 minutes
- **Grades 2–3:** 15–20 minutes
- **Grades 4–6:** 20–30 minutes

Independent Writing: Students decide on the product and topic for writing. The suggested time allotment is

- **Kindergarten–Grade 1:** 10–20 minutes
- **Grades 2–6:** 30–45 minutes

A **Daily Block Plan** for reading/language arts instruction has blocks of time allocated for specific instructional purposes. It provides consistency within a literacy-centered classroom and is important to student success. Having blocks that recur on a regular basis also helps you plan more effectively. The basic blocks for grades K–6 are the same; however, the content of each block will vary slightly to accommodate the developmental differences at each grade level.

Back to School Review and Getting Started

At levels K–2, Back to School Review provides rich resources to get the year off to a fun and productive start. The Big Book in the Getting Started section of Back to School Review can be used at the beginning of the school year to get children excited about reading and to assess children's reading skills. At grade 2, the accompanying Reading-Writing Workshop allows you to learn how children approach the writing process.

The Phonics Review section in Back to School Review includes an additional Big Book for each level and provides lively activity choices in the following areas to meet the needs of your students:

Levels K/1

- phonemic awareness
- letter names
- phonics

Level 2

- phonemic awareness
- phonics
- phonics and spelling

Information on teaching options and pacing can be found in the Back to School Review section of the Teacher's Book.

In addition, each anthology at grade 1 includes an optional Getting Started selection to get each book off to a fun start. These selections provide opportunities for informal reading assessment during the year. Beginning at level 1.3, the Teacher's Book includes instruction for an accompanying Reading-Writing Workshop so that you can introduce children to the writing process.

Introductory Selections

The Introductory Selection at grades 3–6 provides an opportunity for students to settle into a new school year in a literature-centered environment. By using the Introductory Selection—the first anthology selection in grades 3–6—you will gain an initial understanding of your students' reading and writing abilities. The accompanying Reading-Writing Workshop allows you to learn how your students approach the writing process. You can also begin to observe the relationship between their reading and their writing, a connection you can observe throughout the year.

Daily Block Plan

A daily block plan that is popular with many teachers is one that is divided into the following five blocks:

- Opening
- Reading and Responding to Literature
- Teaching Reading Skills
- Teaching Language Arts
- Extending

In addition to this instructional time, students should have time provided for daily independent reading and writing.

Opening (5–10 minutes)

At grades K–2, the opening activity is often a quick rereading of a previously read book or poem or the singing of a song. The purpose of the activity is to reread for fluency, warm up the group, and get the day off to an exciting start.

At grades 3–6, the Opening block may include a short read-aloud, the sharing of previously completed writing, a literature discussion, a Daily Language Practice sentence, or any activity to get the class warmed up for reading and writing.

Ideas for this block may be taken from any appropriate section in the Teacher's Books. In addition, this is a good time to add favorite poetry, share a timely newspaper article, or create a morning message.

Reading and Responding to Literature (40–60 minutes)

This block includes building background, introducing vocabulary, reading strategies, reading the literature selections, self/informal assessment, literature discussion, rereading the literature, and responding activities.

Teaching Reading Skills (20–30 minutes)

This block provides explicit instruction in teaching reading skills. The instruction may be delivered through minilessons, full interactive learning lessons, or reteaching lessons.

- Minilessons are short lessons that use examples from the selection to teach the skill. These can be used diagnostically as needed.
- Full Interactive Learning Lessons offer additional in-depth instruction and are followed by a Reteaching Lesson.
- Skill Finders indicate additional related skill lessons.

Teaching Language Arts (20–30 minutes)

This block includes a five-day plan for teaching both Spelling and Grammar plus instruction for Writing and Communication Skills.

Extending (5–10 minutes)

Extending time allows students to apply and extend their literacy learning to other content areas. Ideas for this block can be found in the cross-curricular and communication skills sections of the Teacher's Book.

Reading-Writing Workshop

The Reading-Writing Workshop appears in each anthology theme to engage students in the steps of the writing process; each theme models a different mode of writing. During this workshop, students may be in different phases of the writing process on any given day.

In addition, the Reading-Writing Workshop includes instruction and practice for a five-day spelling plan, which can be used while students are engaged in the Reading-Writing Workshop, if desired.

The Reading-Writing Workshops can be incorporated throughout the theme or used as suggested in conjunction with the Paperback PLUS books.

Paperback Plus/Teacher's Resources

Theme-related literature in paperback format can be used to extend the themes and provide developmentally appropriate instructional opportunities. The accompanying Teacher's Resources provide various instructional options.

Assessment Options

An **Integrated Theme Test** can be given at the end of each theme. It requires students to apply theme skills to a new reading selection in a format that reflects instruction. It also evaluates reading strategies, comprehension, phonics and word skills, writing, and language.

The **Theme Skills Test** measures the specific comprehension, word, writing, spelling, grammar, and study skills taught in each theme.

Informal, Self-Assessment, and **Portfolio Opportunities** appear throughout the Teacher's Book.

The **Theme Assessment Wrap-Up** section at the end of each theme includes a **Performance Assessment** project for students to complete. The project applies theme concepts and skills. A **Spelling Review minilesson/assessment** for each theme is also located in the Theme Assessment Wrap-Up section.

See the **Teacher's Assessment Handbook** for additional information.

Introduce and Interact with the Literature

	Opening	Reading and Responding to Literature
Day 1 *Daily Independent Reading and Writing*	**Previewing the Literature,** 10A	**Introducing a Reading Strategy,** 16A; **LAB,** 1 **Prior Knowledge/Building Background,** 16A–17A **Selection Vocabulary,** 17A; **LAB,** 2 **Reading Strategies,** 18 **Read:** Begin *A Package for Mrs. Jewls,* 18–28
Day 2 *Daily Independent Reading and Writing*	**Discussing Themes,** 10A	**Read:** Continue the selection, 18–28 **Personal Response,** 30 **Literature Discussion,** 31A
Day 3 *Daily Independent Reading and Writing*	**Share:** A Poster About Me, 11A	🔖 **Reread:** *A Package for Mrs. Jewls,* 18–28, Cooperative Groups/Partners **Comprehension Check,** 31; **LAB,** 3 **Responding:** Student Choice, 30–31
Day 4 *Daily Independent Reading and Writing*	**Share:** A Poster About Me, 11A	**Extend Independent Reading**
Day 5 *Daily Independent Reading and Writing*	**Share:** A Poster About Me, 11A	**Extend Independent Reading**

🔖 = Meeting Individual Needs (small group)
✓ = Tested Skill
LAB = *Literacy Activity Book*

Instruct and Integrate

Teaching Reading Skills	Teaching Language Arts	Extending
Minilessons: Predict/Infer, 19; Think About Words, 21; Self-Question, 23; Monitor, 23	**Making a Poster About Me**, 11A	**Making an Independent Reading-Writing Chart**, 13A
Minilessons: Evaluate, 25; Summarize, 27	**Reading-Writing Workshop: Connect to Literature**, 32A **Writing Process: LAB**, 4 **Prewriting**, 32B–32C; **LAB**, 5 **Drafting**, 32D	**Making a Journal**, 13A
	Continue Drafting, 32D **Revising**, 32D–32E; **LAB**, 6	
	Revising, 32E **Proofreading**, 32F	
	Publishing and Sharing, 32G	**Selection Wrap-up**, 32H

Introduce and Interact with the Literature

	Opening	Reading and Responding to Literature
Day 1 *Daily Independent Reading and Writing*	**Launching the Theme:** • Setting the Scene, 36G • Write a Serial Adventure, 36G **Daily Language Practice:** Sentence 1, 55J **Teacher Read Aloud:** Bibliography, 36B	👥 **Support in Advance,** 37C **Prior Knowledge/Building Background,** 37C **Selection Vocabulary,** 37D; **LAB,** 9 **Reading Strategies:** Predict/Infer, Summarize, 38 📖 **Choices for Reading,** 38 (38–45)
Day 2 *Daily Independent Reading and Writing*	**Daily Language Practice:** Sentence 2, 55J **Teacher Read Aloud:** Bibliography, 36B	📖 **Choices for Reading,** 38 (46–53) **Self/Informal Assessment,** 52 **Personal Response,** 54 **Literature Discussion,** 54
Day 3 *Daily Independent Reading and Writing*	**Daily Language Practice:** Sentence 3, 55J **Teacher Read Aloud:** Bibliography, 36B	📖 **Reread/Cooperative Read,** 52 **Comprehension Check,** 55; **LAB,** 10 **Selection Connections,** 54; **LAB,** 7–8
Day 4 *Daily Independent Reading and Writing*	**Daily Language Practice:** Sentence 4, 55J **Teacher Read Aloud:** Bibliography, 36B	**Responding:** Student Choice, 54–55 **Read:** Poetry, 56–59 **Minilesson:** Practice/Apply–Limericks, 57
Day 5 *Daily Independent Reading and Writing*	**Daily Language Practice:** Sentence 5, 55J **Teacher Read Aloud:** Bibliography, 36B	📖 **Reread,** 56–59 **Response:** Student Choice, 59 • Illustrating • Creating a warning sign • Writing poetry (*or*) **Extend Independent Reading**

> 👥 = Meeting Individual Needs (small group)
> ✓ = Tested Skill
> **LAB** = *Literacy Activity Book*

Instruct and Integrate

Teaching Reading Skills	Teaching Language Arts	Extending
Minilesson: Fantasy and Realism, 41 **Minilesson:** Alphabetical Order/Guide Words, 55F	✓ **Writing/Communication:** Writing a Sentence, 55C; **LAB,** 12 ✓ **Grammar:** Kinds of Sentences, 55I; **LAB,** 17 ✓ **Spelling Pretest:** Spelling Long *a* and Long *e*, 55H; **LAB,** 307, 308 👥 **Spelling:** Challenge Words, 55H	**Launching the Theme Project:** Make a Poster, 36H
✓ **Comprehension:** Sequence of Events Minilesson, 49 (*and/or*) Interactive Learning, 55A; **LAB,** 11; Self/Informal Assessment, 55A **Vocabulary: LAB,** 14	✓ **Spelling:** Spelling Long *a* and Long *e,* 55H; **LAB,** 15 👥 **Spelling:** Challenge Words Practice, 55H ✓ **Grammar:** Kinds of Sentences: Practice/Apply–Cooperative Learning, 55J; Informal Assessment, 55I **Writing/Communication:** Write About an Adventure, 55D	**Cross-Curricular:** Science/Food Chain, 55M
👥 ✓ **Reteaching Comprehension:** Sequence of Events, 55B ✓ **Phonics/Word Skills:** Base Words and Inflected Forms, 55E; **LAB,** 13 **Minilesson:** Cause and Effect, 51	✓ **Spelling:** Spelling Long *a* and Long *e,* 55H; **LAB,** 16 ✓ **Grammar:** Kinds of Sentences: Writing Application: A Post Card, 55J **Writing/Communication:** Panel Discussion, 55K	
✓ **Comprehension:** Sequence of Events: Practice/Apply, 55A 👥 ✓ **Reteaching Phonics/Word Skills:** Base Words and Inflected Forms, 55F **Vocabulary:** Synonyms, 55G (cooperative)	✓ **Spelling:** Spelling Long *a* and Long *e,* 55H; Writing Application: **LAB,** 16 👥 ✓ **Reteaching Grammar:** Kinds of Sentences, 55J **Grammar: LAB,** 18 **Writing/Communication:** Photographs and Illustrations, 55L	**Cross-Curricular:** Health/The Food Pyramid, 55N
Vocabulary: British English, 55G	✓ **Spelling Test:** Spelling Long *a* and Long *e,* 55H ✓ **Grammar:** Kinds of Sentences: Students' Writing, 55J	

Introduce and Interact with the Literature

	Opening	Reading and Responding to Literature
Day 1 *Daily Independent Reading and Writing*	**Daily Language Practice:** Sentence 1, 77J **Teacher Read Aloud:** Bibliography, 36B	👥 **Support in Advance,** 59C **Prior Knowledge/Building Background,** 59C **Selection Vocabulary,** 59D; **LAB,** 19 **Reading Strategies:** Self-Question, Monitor, Summarize, 60 👥 **Choices for Reading,** 60 (60–68)
Day 2 *Daily Independent Reading and Writing*	**Daily Language Practice:** Sentence 2, 77J **Teacher Read Aloud:** Bibliography, 36B	👥 **Choices for Reading,** 60 (69–75) **Self/Informal Assessment,** 74 **Personal Response,** 76 **Literature Discussion,** 76
Day 3 *Daily Independent Reading and Writing*	**Daily Language Practice:** Sentence 3, 77J **Teacher Read Aloud:** Bibliography, 36B	👥 **Reread/Cooperative Read,** 74 **Comprehension Check,** 77; **LAB,** 20 **Selection Connections,** 76; **LAB,** 7–8
Day 4 *Daily Independent Reading and Writing*	**Daily Language Practice:** Sentence 4, 77J **Teacher Read Aloud:** Bibliography, 36B	**Responding:** Student Choice, 76–77 **Read:** *Everyday Adventurers,* 78–79 **Response:** Writing a Want Ad, 79
Day 5 *Daily Independent Reading and Writing*	**Daily Language Practice:** Sentence 5, 77J **Teacher Read Aloud:** Bibliography, 36B	**Read:** *Call to Adventure,* 80–81 **Response,** 81 • Trivia Game • Acting Out an Invention • Painting a Movie Poster (*or*) **Extend Independent Reading**

👥 = Meeting Individual Needs (small group)
✓ = Tested Skill
LAB = *Literacy Activity Book*

Instruct and Integrate

Teaching Reading Skills	Teaching Language Arts	Extending
Minilesson: Biography, 63 **Minilesson:** Think About Words, 77F	✓ **Spelling Pretest:** Spelling Long *i* and Long *o*, 77H; **LAB,** 307, 308 👥 **Spelling:** Challenge Words, 77H ✓ **Grammar:** Subjects and Predicates, 77I; **LAB,** 27 **Writing/Communication:** Journal Writing, 77C; **LAB,** 22	
✓ **Comprehension:** Categorize and Classify Minilesson, 65 (*and/or*) Interactive Learning, 77A; **LAB,** 21; Self/Informal Assessment, 77A **Vocabulary: LAB,** 24	✓ **Spelling:** Spelling Long *i* and Long *o*, 77H; **LAB,** 25 👥 **Spelling:** Challenge Words Practice, 77H ✓ **Grammar:** Subjects and Predicates: Practice/Apply–Cooperative Learning, 77J; Informal Assessment, 77I **Writing/Communication:** Keep a Journal, 77D	**Cross-Curricular:** Social Studies/Prepare for a Polar Expedition, 77M
👥 ✓ **Reteaching Comprehension:** Categorize and Classify, 77A ✓ **Phonics/Word Skills:** Suffixes Meaning "someone who," 77E; **LAB,** 23	✓ **Spelling:** Spelling Long *i* and Long *o*, 77H; **LAB,** 26 ✓ **Grammar:** Subjects and Predicates: Writing Application: News Article, 77J **Writing/Communication:** Sounds of the Arctic, 77K	
✓ **Comprehension:** Categorize and Classify: Practice/Apply, 77A 👥 ✓ **Reteaching Phonics/Word Skills:** Suffixes Meaning "someone who," 77F **Minilesson:** Text Organization, 71	✓ **Spelling:** Spelling Long *i* and Long *o*, 77H; Writing Application: **LAB,** 26 👥 ✓ **Reteaching Grammar:** Subjects and Predicates, 77J **Grammar: LAB,** 28 **Writing/Communication:** Reading a Map, 77L	**Cross-Curricular:** Social Studies/Make an Arctic Diorama, 77M
Vocabulary: Classifying and Categorizing, 77G (cooperative) **Minilesson:** Sequence of Events, 73	✓ **Spelling Test:** Spelling Long *i* and Long *o*, 77H ✓ **Grammar:** Subjects and Predicates: Students' Writing, 77J	**Cross-Curricular:** Math/Use a Compass to Play "Find the Treasure!," 77N

Introduce and Interact with the Literature

	Opening	Reading and Responding to Literature
Day 1 *Daily Independent Reading and Writing*	**Teacher Read Aloud:** Bibliography, 36B	👤 *Paperback Plus***–Easy/Developmentally Appropriate:** *The Mouse and the Motorcycle* 👤 *Paperback Plus***–Average/Challenging:** *From the Mixed-up Files of Mrs. Basil E. Frankweiler*
Day 2 *Daily Independent Reading and Writing*	**Teacher Read Aloud:** Bibliography, 36B	**See Teacher's Resource for *Paperback Plus*** *(and/or)* **any other developmentally appropriate titles for literature study.**
Day 3 *Daily Independent Reading and Writing*	**Teacher Read Aloud:** Bibliography, 36B	
Day 4 *Daily Independent Reading and Writing*	**Teacher Read Aloud:** Bibliography, 36B	**Read:** *Adventures in Flight: From Balloon to the Moon,* 84–87 **Response:** Drawing Diagrams, 87
Day 5 *Daily Independent Reading and Writing*	**Teacher Read Aloud:** Bibliography, 36B	**Read:** Poetry, 88–89 **Minilesson:** Practice/Apply–Writing a Poem, 89

👤 = Meeting Individual Needs (small group)
✓ = Tested Skill
LAB = *Literacy Activity Book*

Instruct and Integrate

Teaching Reading Skills	Teaching Language Arts	Extending
See Teacher's Resource for appropriate *Paperback Plus* for suggestions.	**Reading-Writing Workshop:** (Application of Spelling/Grammar) **Connecting to "Call to Adventure,"** 82 **Introduce and Discuss** Student Model, 82–83 **Freewriting,** 83A 👤 **Minilesson:** Keeping to the Focus, 83A **Spelling Pretest:** Words Often Misspelled, 83E; **LAB,** 307, 308 👤 **Spelling:** Challenge Words, 83E	**Ongoing Theme Project:** Make a Poster, 36H
See Teacher's Resource for appropriate *Paperback Plus* for suggestions.	**Prewriting,** 83A–83B; **LAB,** 29–30 **Drafting,** 83C 👤 **Minilesson:** Using Examples, 83B **Spelling:** Words Often Misspelled, 83E; **LAB,** 259 👤 **Spelling:** Challenge Words Practice, 83E	
See Teacher's Resource for appropriate *Paperback Plus* for suggestions.	**Revising,** 83C–83D 👤 **Minilesson:** Openings and Closings, 83C **Writing Conference,** 83D **Spelling:** Words Often Misspelled, 83E; **LAB,** 260	
See Teacher's Resource for appropriate *Paperback Plus* for suggestions. ✓ **Minilesson:** Time Lines, 85	**Continue Revising: LAB,** 31 **Proofreading,** 83E **Spelling:** Words Often Misspelled, 83E; Writing Application: **LAB,** 260	See Teacher's Resource for appropriate *Paperback Plus* activities.
See Teacher's Resource for appropriate *Paperback Plus* for suggestions. **Minilesson:** Poetry, 89	**Publishing and Sharing,** 83E–83F **Reflecting/Self-Assessment,** 83F **Evaluating,** 83F **Spelling Test:** Words Often Misspelled, 83E	

Introduce and Interact with the Literature

	Opening	Reading and Responding to Literature
Day 1 *Daily Independent Reading and Writing*	**Daily Language Practice:** Sentence 1, 115J **Teacher Read Aloud:** Bibliography, 36B	♟ **Support in Advance,** 89C **Prior Knowledge/Building Background,** 89C **Selection Vocabulary,** 89D; **LAB,** 32 **Reading Strategies:** Predict/Infer, Self-Question, 90 ♟ **Choices for Reading,** 90 (90–95)
Day 2 *Daily Independent Reading and Writing*	**Daily Language Practice:** Sentence 2, 115J **Teacher Read Aloud:** Bibliography, 36B	♟ **Choices for Reading,** 90 (96–113) **Self/Informal Assessment,** 112 **Personal Response,** 114 **Literature Discussion,** 114
Day 3 *Daily Independent Reading and Writing*	**Daily Language Practice:** Sentence 3, 115J **Teacher Read Aloud:** Bibliography, 36B	♟ **Reread/Cooperative Read,** 115 **Comprehension Check,** 115; **LAB,** 33 **Selection Connections:** 114; **LAB,** 7–8
Day 4 *Daily Independent Reading and Writing*	**Daily Language Practice:** Sentence 4, 115J **Teacher Read Aloud:** Bibliography, 36B	**Responding:** Student Choice, 114–115 **Read:** *Space Cadets,* 116–121
Day 5 *Daily Independent Reading and Writing*	**Daily Language Practice:** Sentence 5, 115J **Teacher Read Aloud:** Bibliography, 36B	**Response:** Student Choice, 121 • Writing an advertising pamphlet • Role-play a flight mission (*or*) **Extend Independent Reading**

> ♟ = Meeting Individual Needs (small group)
> ✓ = Tested Skill
> **LAB** = *Literacy Activity Book*

Instruct and Integrate

Teaching Reading Skills	Teaching Language Arts	Extending
Minilesson: Science Writing, 93 **Minilesson:** Decoding Longer Words, 115F	✓ **Spelling Pretest:** Spelling Long *u*, 115H; **LAB**, 309, 310 👤 **Spelling:** Challenge Words, 115H ✓ **Grammar:** Correcting Run-on Sentences, 115I; **LAB**, 40 **Writing/Communication:** Writing Paragraphs of Comparison and Contrast, 115C; **LAB**, 35	
✓ **Comprehension:** Text Organization Minilesson, 97 (*and/or*) Interactive Learning, 115A; **LAB**, 34; Self/Informal Assessment, 115A **Vocabulary: LAB**, 37	✓ **Spelling:** Spelling Long *u*, 115H; **LAB**, 38 👤 **Spelling:** Challenge Words Practice, 115H ✓ **Grammar:** Correcting Run-on Sentences: Practice/Apply–Cooperative Learning, 115J; Informal Assessment, 115I **Writing/Communication:** Shared Writing: Compare and Contrast, 115D	**Cross-Curricular:** Math/Creating a Time Line, 115M
👤 ✓ **Reteaching Comprehension:** Text Organization, 115B ✓ **Phonics/Word Skills:** Vocabulary: Classifying/Categorizing, 115E; **LAB**, 36 **Minilesson:** Categorize and Classify, 111	✓ **Spelling:** Spelling Long *u*, 115H; **LAB**, 39 ✓ **Grammar:** Correcting Run-on Sentences: Writing Application: Review, 115J **Writing/Communication:** Speaking Greetings, 115K	
✓ **Comprehension:** Text Organization: Practice/Apply, 115B 👤 ✓ **Reteaching Phonics/Word Skills:** Vocabulary: Classifying/Categorizing, 115F **Minilesson:** Compare and Contrast, 99	✓ **Spelling:** Spelling Long *u*, 115H; Writing Application: **LAB**, 39 👤 ✓ **Reteaching Grammar:** Correcting Run-on Sentences, 115J **Grammar: LAB**, 41 **Writing/Communication:** Drawing Planet Landscapes, 115L	**Cross-Curricular:** Science/Make a Telescope, 115N
Vocabulary: Using Context, 115G **Minilesson:** Schedules, 121	✓ **Spelling Test:** Spelling Long *u*, 115H ✓ **Grammar:** Correcting Run-on Sentences: Students' Writing, 115J	**Celebrating the Theme:** Adventure Scrapbook, 121C

Test Oct 4th

Introduce and Interact with the Literature

	Opening	Reading and Responding to Literature
Day 1 *Daily Independent Reading and Writing*	**Launching the Theme:** Setting the Scene, 126G **Daily Language Practice:** Sentence 1, 151J **Teacher Read Aloud:** Bibliography, 126B	👥 **Support in Advance,** 127C **Prior Knowledge/Building Background,** 127C **Selection Vocabulary,** 127D; **LAB,** 45 **Reading Strategies:** Self-Question, Monitor, 128 👥 **Choices for Reading,** 128, (128–135)
Day 2 *Daily Independent Reading and Writing*	**Daily Language Practice:** Sentence 2, 151J **Teacher Read Aloud:** Bibliography, 126B	👥 **Choices for Reading,** 128, (135–149) **Self/Informal Assessment,** 148 **Personal Response,** 150 **Literature Discussion,** 150
Day 3 *Daily Independent Reading and Writing*	**Daily Language Practice:** Sentence 3, 151J **Teacher Read Aloud:** Bibliography, 126B	👥 **Reread/Cooperative Read,** 151 **Comprehension Check,** 151; **LAB,** 46 **Selection Connections,** 150; **LAB,** 43–44
Day 4 *Daily Independent Reading and Writing*	**Daily Language Practice:** Sentence 4, 151J **Teacher Read Aloud:** Bibliography, 126B	**Responding:** Student Choice, 150–151 **Read:** *Lies (People Believe) About Animals,* 152–155 **Response:** Student Choice, 155
Day 5 *Daily Independent Reading and Writing*	**Daily Language Practice:** Sentence 5, 151J **Teacher Read Aloud:** Bibliography, 126B	**Read:** *Wolf Quest,* 156–159 **Response:** Student Choice, 158–159 • Writing: Letters • Social Studies: Survey • Art: Endangered animal posters • Science: Diagram of wildlife refuge *(or)* **Extend Independent Reading**

👥 = Meeting Individual Needs (small group)
✓ = Tested Skill
LAB = *Literacy Activity Book*

Instruct and Integrate

Teaching Reading Skills	Teaching Language Arts	Extending
Minilesson: Categorize and Classify, 133 **Minilesson:** Think About Words, 151F	✓ **Spelling Pretest:** Vowels + *r* Sounds, 151H; **LAB,** 309, 310 👥 **Spelling:** Challenge Words, 151H ✓ **Grammar:** Singular and Plural Nouns, 151I; **LAB,** 53 **Writing/Communication:** Writing a Book Report, 151C; **LAB,** 48	**Launching the Theme Project:** Create Animal Cards, 126H
✓ **Comprehension:** Author's Viewpoint Minilesson, 147; Fact and Opinion Minilesson, 131 (*and/or*) Interactive Learning, 151A; **LAB,** 47; Self/Informal Assessment, 151A **Vocabulary: LAB,** 50	✓ **Spelling:** Vowel + *r* Sounds, 151H; **LAB,** 51 👥 **Spelling:** Challenge Words Practice, 151H ✓ **Grammar:** Singular and Plural Nouns: Practice/Apply—Cooperative Learning, 151J; Informal Assessment, 151I **Writing/Communication:** Write a Book Report, 151D	
👥 ✓ **Reteaching Comprehension:** Author's Viewpoint: Fact and Opinion, 151B ✓ **Phonics/Word Skills:** Homophones, 151E; **LAB,** 49 **Minilesson:** Topic, Main Idea, Supporting Details, and Summarizing, 141	✓ **Spelling:** Vowel + *r* Sounds, 151H; **LAB,** 52 ✓ **Grammar:** Singular and Plural Nouns: Writing Application: Journal, 151J **Writing/Communication:** Creating a Bumper Sticker, 151L	**Cross-Curricular:** Science/Making Animal Tracks, 151M
✓ **Comprehension:** Author's Viewpoint: Fact and Opinion: Practice/Apply, 151A 👥 ✓ **Reteaching Phonics/Word Skills:** Homophones, 151F **Minilesson:** Connotation, 129	✓ **Spelling:** Vowel + *r* Sounds, 151H; Writing Application: **LAB,** 52 👥 ✓ **Reteaching Grammar:** Singular and Plural Nouns, 151J **Grammar: LAB,** 54 **Writing/Communication:** Debating Wolf Reintroduction, 151K	
Vocabulary: Antonyms, 151G ✓ **Minilesson:** Charts and Graphs, 159	✓ **Spelling Test:** Vowel + *r* Sounds, 151H ✓ **Grammar:** Singular and Plural Nouns: Students' Writing, 151J	**Cross-Curricular:** Music/*Peter and the Wolf,* 151N

Introduce and Interact with the Literature

	Opening	Reading and Responding to Literature	
Day 1 *Daily Independent Reading and Writing*	**Daily Language Practice:** Sentence 1, 181J **Teacher Read Aloud:** Bibliography, 126B	👥 **Support in Advance,** 159C **Prior Knowledge/Building Background,** 159C **Selection Vocabulary,** 159D; **LAB,** 55 **Reading Strategies:** Predict/Infer, Monitor, 160 👥 **Choices for Reading,** 160, (160–169)	
Day 2 *Daily Independent Reading and Writing*	**Daily Language Practice:** Sentence 2, 181J **Teacher Read Aloud:** Bibliography, 126B	👥 **Choices for Reading,** 160, (170–179) **Self/Informal Assessment,** 178 **Personal Response,** 180 **Literature Discussion,** 180	
Day 3 *Daily Independent Reading and Writing*	**Daily Language Practice:** Sentence 3, 181J **Teacher Read Aloud:** Bibliography, 126B	👥 **Reread/Cooperative Read,** 179 **Comprehension Check,** 181; **LAB,** 56 **Selection Connections,** 180; **LAB,** 43–44	
Day 4 *Daily Independent Reading and Writing*	**Daily Language Practice:** Sentence 4, 181J **Teacher Read Aloud:** Bibliography, 126B	**Responding:** Student Choice, 180–181 **Read:** *Wildlife—Who Needs It?,* 182–184 **Response:** Student Choice, 184	
Day 5 *Daily Independent Reading and Writing*	**Daily Language Practice:** Sentence 5, 181J **Teacher Read Aloud:** Bibliography, 126B	**Read:** *There Aren't Any Dodoes Anymore,* 185 **Response:** Student Choice, 185 • Music: Compose a Tune • Writing: Poems and Songs *(or)* **Extend Independent Reading**	

👥 = Meeting Individual Needs (small group)
✓ = Tested Skill
LAB = *Literacy Activity Book*

Instruct and Integrate

Teaching Reading Skills	Teaching Language Arts	Extending
Minilesson: Analogies and Similes, 165 **Minilesson:** Pronunciation Key, 181F	✓ **Spelling Pretest:** More Vowel + *r* Sounds, 181H; **LAB,** 311, 312 📖 **Spelling:** Challenge Words, 181H ✓ **Grammar:** Singular and Plural Possessive Nouns, 181I; **LAB,** 63 ✓ **Writing/Communication:** Combining Sentences: Compound Sentences, 181C; **LAB,** 58	
✓ **Comprehension:** Making Inferences Minilesson, 163 (*and/or*) Interactive Learning, 181A; **LAB,** 57; Self/Informal Assessment, 181A **Vocabulary: LAB,** 60	✓ **Spelling:** More Vowel + *r* Sounds, 181H; **LAB,** 61 📖 **Spelling:** Challenge Words Practice, 181H ✓ **Grammar:** Singular and Plural Possessive Nouns: Practice/Apply– Cooperative Learning, 181J; Informal Assessment, 181I **Writing/Communication:** Write a Personal Narrative, 181D	**Cross-Curricular:** Math/Playing Hot and Cold with Numbers, 181M
📖 ✓ **Reteaching Comprehension:** Making Inferences, 181B ✓ **Phonics/Word Skills:** Suffixes: *-ful, -less, -ly,* 181E; **LAB,** 59 **Minilesson:** Predicting Outcomes, 171	✓ **Spelling:** More Vowel + *r* Sounds, 181H; **LAB,** 62 ✓ **Grammar:** Singular and Plural Possessive Nouns: Writing Application: Movie Plot, 181J **Writing/Communication:** Speaking to Persuade: Hold a Mock Trial, 181K	
✓ **Comprehension:** Making Inferences: Practice/Apply, 181B 📖 ✓ **Reteaching Phonics/Word Skills:** Suffixes: *-ful, -less, -ly,* 181F **Minilesson:** Cause and Effect, 175	✓ **Spelling:** More Vowel + *r* Sounds, 181H; Writing Application: **LAB,** 62 📖 ✓ **Reteaching Grammar:** Singular and Plural Possessive Nouns, 181J **Grammar: LAB,** 64 **Writing/Communication:** Reading Body Language, 181L	**Cross-Curricular:** Social Studies/Farm Facts, 181M
Vocabulary: Multiple-Meaning Words, 181G (cooperative)	✓ **Spelling Test:** More Vowel + *r* Sounds, 181H ✓ **Grammar:** Singular and Plural Possessive Nouns: Students' Writing, 181J	**Cross-Curricular:** Science/Test a Fox's Hearing, 181N

Introduce and Interact with the Literature

	Opening	Reading and Responding to Literature
Day 1 *Daily Independent Reading and Writing*	**Teacher Read Aloud:** Bibliography, 126B	👤 *Paperback Plus–Easy/Developmentally Appropriate: Come Back, Salmon* 👤 *Paperback Plus–Average/Challenging: Rascal*
Day 2 *Daily Independent Reading and Writing*	**Teacher Read Aloud:** Bibliography, 126B	
Day 3 *Daily Independent Reading and Writing*	**Teacher Read Aloud:** Bibliography, 126B	**See Teacher's Resource for *Paperback Plus*** *(and/or)* **any other developmentally appropriate titles for literature study.**
Day 4 *Daily Independent Reading and Writing*	**Teacher Read Aloud:** Bibliography, 126B	**Extend Independent Reading**
Day 5 *Daily Independent Reading and Writing*	**Teacher Read Aloud:** Bibliography, 126B	**Extend Independent Reading**

👤 = Meeting Individual Needs (small group)
✓ = Tested Skill
LAB = *Literacy Activity Book*

Instruct and Integrate

Teaching Reading Skills	Teaching Language Arts	Extending
See Teacher's Resource for appropriate *Paperback Plus* for suggestions.	**Reading-Writing Workshop:** (Application of Spelling/Grammar) **Connecting to "Wildlife—Who Needs It?,"** 186 **Introduce and Discuss** Student Model, 186–187 **Shared Writing,** 187A 👤 **Minilesson:** Stating a Goal, 187A **Spelling Pretest:** Words Often Misspelled, 187E; **LAB,** 311, 312 👤 **Spelling:** Challenge Words, 187E	**Ongoing Theme Project:** Create Animal Cards, 126H
See Teacher's Resource for appropriate *Paperback Plus* for suggestions.	**Prewriting,** 187A–187B; **LAB,** 65–66 **Drafting,** 187C 👤 **Minilesson:** Reasons and Objections, 187B **Spelling:** Words Often Misspelled, 187E; **LAB,** 263 👤 **Spelling:** Challenge Words Practice, 187E	
See Teacher's Resource for appropriate *Paperback Plus* for suggestions.	**Revising,** 187C–187D 👤 **Minilesson:** Supporting Facts and Examples, 187C **Writing Conference,** 187D **Spelling:** Words Often Misspelled, 187E; Writing Application: **LAB,** 264	
See Teacher's Resource for appropriate *Paperback Plus* for suggestions.	**Continue Revising: LAB,** 67 **Proofreading,** 187E **Spelling:** Words Often Misspelled, 187E; Writing Application: **LAB,** 264	See Teacher's Resource for appropriate *Paperback Plus* activities.
See Teacher's Resource for appropriate *Paperback Plus* for suggestions.	**Publishing and Sharing,** 187E–187F **Reflecting/Self-Assessment,** 187F **Evaluating,** 187F **Spelling Test:** Words Often Misspelled, 187E	

Introduce and Interact with the Literature

	Opening	Reading and Responding to Literature
Day 1 *Daily Independent Reading and Writing*	**Daily Language Practice:** Sentence 1, 207J **Teacher Read Aloud:** Bibliography, 126B	👥 **Support in Advance,** 187I **Prior Knowledge/Building Background,** 187I **Selection Vocabulary,** 187J; **LAB,** 69 **Reading Strategies:** Self-Question, Monitor, 188 📖 **Choices for Reading,** 188 (188–193)
Day 2 *Daily Independent Reading and Writing*	**Daily Language Practice:** Sentence 2, 207J **Teacher Read Aloud:** Bibliography, 126B	📖 **Choices for Reading,** 188 (194–205) **Self/Informal Assessment,** 202 **Personal Response,** 206 **Literature Discussion,** 206
Day 3 *Daily Independent Reading and Writing*	**Daily Language Practice:** Sentence 3, 207J **Teacher Read Aloud:** Bibliography, 126B	📖 **Reread/Independent Read,** 207 **Comprehension Check,** 207; **LAB,** 71 **Selection Connections,** 206; **LAB,** 43–44
Day 4 *Daily Independent Reading and Writing*	**Daily Language Practice:** Sentence 4, 207J **Teacher Read Aloud:** Bibliography, 126B	**Responding:** Student Choice, 206–207 **Read:** *New Birds on the Block,* 208–213 **Response:** Writing: Play on Words, 213
Day 5 *Daily Independent Reading and Writing*	**Daily Language Practice:** Sentence 5, 207J **Teacher Read Aloud:** Bibliography, 126B	📖 **Reread,** 208–213 **Extend Independent Reading**

> 👥 = Meeting Individual Needs (small group)
> ✓ = Tested Skill
> **LAB** = *Literacy Activity Book*

Instruct and Integrate

Teaching Reading Skills	Teaching Language Arts	Extending
Minilesson: Narrative Nonfiction, 189 **Minilesson:** Decoding Longer Words, 207F	✓ **Spelling Pretest:** Vowel + *r* Sounds in *bird*, 207H; **LAB,** 311, 312 👥 **Spelling:** Challenge Words, 207H ✓ **Grammar:** Common and Proper Nouns, 207I; **LAB,** 78 ✓ **Writing/Communication:** Combining Sentences: Appositives, 207C; **LAB,** 73	
✓ **Comprehension:** Topic, Main Idea, Supporting Details, and Summarizing Minilesson, 191 (*and/or*) Interactive Learning, 207A; **LAB,** 72; Self/Informal Assessment, 207A **Vocabulary: LAB,** 75	✓ **Spelling:** Vowel + *r* Sounds in *bird*, 207H; **LAB,** 76 👥 **Spelling:** Challenge Words Practice, 207H ✓ **Grammar:** Common and Proper Nouns: Practice/Apply—Cooperative Learning, 207J; Informal Assessment, 207I **Writing/Communication:** Shared Writing: Business Letter, 207D	**Cross-Curricular:** Science/Seeing Like a Falcon, 207M
👥 ✓ **Reteaching Comprehension:** Topic, Main Idea, Supporting Details, and Summarizing, 207B ✓ **Phonics/Word Skills:** Prefixes *re-*, *un-*, and *pre-*, 207E; **LAB,** 74 **Minilesson:** Fact and Opinion, 193	✓ **Spelling:** Vowel + *r* Sounds in *bird*, 207H; **LAB,** 77 ✓ **Grammar:** Common and Proper Nouns: Writing Application: Descriptive Paragraph, 207J **Writing/Communication:** Listening to Bird Sounds, 207K	
✓ **Comprehension:** Topic, Main Idea, Supporting Details, and Summarizing: Practice/Apply, 207B 👥 ✓ **Reteaching Phonics/Word Skills:** Prefixes *re-*, *un-*, and *pre-*, 207F **Minilesson:** Author's Viewpoint, 199	✓ **Spelling:** Vowel + *r* Sounds in *bird*, 207H; Writing Application: **LAB,** 77 👥 ✓ **Reteaching Grammar:** Common and Proper Nouns, 207J **Grammar: LAB,** 79 **Writing/Communication:** Bird Watching, 207L	**Cross-Curricular:** Social Studies/Play *las piedras*, 207N
Minilesson: Making Inferences, 197 **Vocabulary:** Word Root *capt*, 207G	✓ **Spelling Test:** Vowel + *r* Sounds in *bird*, 207H ✓ **Grammar:** Common and Proper Nouns: Students' Writing, 207J	**Celebrating the Theme:** Endangered Animal Display, 213C

Five-Day Lesson Plans

Introduce and Interact with the Literature

	Opening	Reading and Responding to Literature
Day 1 *Daily Independent Reading and Writing*	**Launching the Theme:** • Setting the Scene, 218G • See It My Way, 218G **Daily Language Practice:** Sentence 1, 237J **Teacher Read Aloud:** Bibliography, 218B	♟ **Support in Advance**, 219C **Prior Knowledge/Building Background**, 219C **Selection Vocabulary**, 219D; **LAB**, 85 **Reading Strategies:** Self-Question, Monitor, 222 📖 **Choices for Reading**, 222 (222–227)
Day 2 *Daily Independent Reading and Writing*	**Daily Language Practice:** Sentence 2, 237J **Teacher Read Aloud:** Bibliography, 218B	📖 **Choices for Reading**, 222 (228–235) **Self/Informal Assessment**, 234 **Personal Response**, 236 **Literature Discussion**, 236
Day 3 *Daily Independent Reading and Writing*	**Daily Language Practice:** Sentence 3, 237J **Teacher Read Aloud:** Bibliography, 218B	♟ **Reread/Cooperative Read**, 237 **Comprehension Check**, 237; **LAB**, 86 **Selection Connections**, 236; **LAB**, 83–84
Day 4 *Daily Independent Reading and Writing*	**Daily Language Practice:** Sentence 4, 237J **Teacher Read Aloud:** Bibliography, 218B	**Responding:** Student Choice, 236–237 **Read:** *Hoang Anh*, 242–247 **Response:** Comparing and Contrasting, 247
Day 5 *Daily Independent Reading and Writing*	**Daily Language Practice:** Sentence 5, 237J **Teacher Read Aloud:** Bibliography, 218B	♟ **Reread**, 242–247 **Extend Independent Reading**

♟	= Meeting Individual Needs (small group)
✓	= Tested Skill
LAB	= *Literacy Activity Book*

Instruct and Integrate

Teaching Reading Skills	Teaching Language Arts	Extending
Minilesson: Making Generalizations, 225 **Minilesson:** Think About Words, 237F	✓ **Spelling Pretest:** The Vowel Sounds in *shout* and *wall,* 237H; **LAB,** 313, 314 👥 **Spelling:** Challenge Words, 237H ✓ **Grammar:** Adjectives, 237I; **LAB,** 95 **Writing/Communication:** Writing a Friendly Letter, 237C; **LAB,** 89	**Launching the Theme Project:** Scenes from Other Viewpoints, 218H
✓ **Comprehension:** Noting Details Minilesson, 229 (*and/or*) Interactive Learning, 237A; **LAB,** 87; Self/Informal Assessment, 237A **Vocabulary: LAB,** 92	✓ **Spelling:** The Vowel Sounds in *shout* and *wall,* 237H; **LAB,** 93 👥 **Spelling:** Challenge Words Practice, 237H ✓ **Grammar:** Adjectives: Practice/Apply–Cooperative Learning, 237J; Informal Assessment, 237I **Writing/Communication:** Write a Friendly Letter, 237D	
👥 ✓ **Reteaching Comprehension:** Noting Details, 237B ✓ **Phonics/Word Skills:** Noun Suffixes, 237E; **LAB,** 91 **Minilesson:** Drawing Conclusions, 227	✓ **Spelling:** The Vowel Sounds in *shout* and *wall,* 237H; **LAB,** 94 ✓ **Grammar:** Adjectives: Writing Application: Journal Entry, 237J **Writing/Communication:** Making Introductions, 237K	**Cross-Curricular:** Social Studies/Chinese Traditions in America, 237M
✓ **Comprehension:** Noting Details: Practice/Apply, 237A 👥 ✓ **Reteaching Phonics/Word Skills:** Noun Suffixes, 237F ✓ **Minilesson:** Maps, 243	✓ **Spelling:** The Vowel Sounds in *shout* and *wall,* 237H; Writing Application: **LAB,** 94 👥 ✓ **Reteaching Grammar:** Adjectives, 237J **Grammar: LAB,** 96 **Writing/Communication:** Pantomime Game, 237L	
Vocabulary: Words from Chinese, 237G (cooperative) **Minilesson:** Taking Notes, 237N	✓ **Spelling Test:** The Vowel Sounds in *shout* and *wall,* 237H ✓ **Grammar:** Adjectives: Students' Writing, 237J	**Cross-Curricular:** Math/Calendars, 237M

Introduce and Interact with the Literature

	Opening	Reading and Responding to Literature
Day 1 *Daily Independent Reading and Writing*	**Teacher Read Aloud:** Bibliography, 218B	👤 *Paperback Plus*–**Easy/Developmentally Appropriate:** *The Hundred Penny Box* 👤 *Paperback Plus*–**Average/Challenging:** *Dear Mr. Henshaw*
Day 2 *Daily Independent Reading and Writing*	**Teacher Read Aloud:** Bibliography, 218B	**See Teacher's Resource for *Paperback Plus*** *(and/or)* **any other developmentally appropriate titles for literature study.**
Day 3 *Daily Independent Reading and Writing*	**Teacher Read Aloud:** Bibliography, 218B	
Day 4 *Daily Independent Reading and Writing*	**Teacher Read Aloud:** Bibliography, 218B	**Read:** Poetry, 248–249 **Response:** Writing a Poem, 249
Day 5 *Daily Independent Reading and Writing*	**Teacher Read Aloud:** Bibliography, 218B	**Extend Independent Reading**

👤 = Meeting Individual Needs (small group)
✓ = Tested Skill
LAB = *Literacy Activity Book*

Instruct and Integrate

Teaching Reading Skills	Teaching Language Arts	Extending
See Teacher's Resource for appropriate *Paperback Plus* for suggestions.	**Reading-Writing Workshop:** (Application of Spelling/Grammar) **Connecting to *In the Year of the Boar and Jackie Robinson*,** 238 **Introduce and Discuss** Student Model, 238–241 **Shared Writing,** 241A 👥 **Minilesson:** Using Details, 241A **Spelling Pretest:** Words Often Misspelled, 241E; **LAB,** 313, 314 👥 **Spelling:** Challenge Words, 241E	**Ongoing Theme Project:** Scenes from Other Viewpoints, 218H
See Teacher's Resource for appropriate *Paperback Plus* for suggestions.	**Prewriting,** 241A–241B; **LAB,** 97–98 **Drafting,** 241C 👥 **Minilesson:** Descriptive Language, 241B **Spelling:** Words Often Misspelled, 241E; **LAB,** 267 👥 **Spelling:** Challenge Words Practice, 241E	
See Teacher's Resource for appropriate *Paperback Plus* for suggestions.	**Revising,** 241C–241D 👥 **Minilesson:** Organizing Details, 241C **Writing Conference,** 241D **Spelling:** Words Often Misspelled, 241E; **LAB,** 268	
See Teacher's Resource for appropriate *Paperback Plus* for suggestions.	**Continue Revising: LAB,** 99 **Proofreading,** 241E **Spelling:** Words Often Misspelled, 241E; Writing Application: **LAB,** 268	See Teacher's Resource for appropriate *Paperback Plus* activities.
See Teacher's Resource for appropriate *Paperback Plus* for suggestions.	**Publishing and Sharing,** 241E–241F **Reflecting/Self-Assessment,** 241F **Evaluating,** 241F **Spelling Test:** Words Often Misspelled, 241E	

Introduce and Interact with the Literature

	Opening	Reading and Responding to Literature
Day 1 *Daily Independent Reading and Writing*	**Daily Language Practice:** Sentence 1, 267J **Teacher Read Aloud:** Bibliography, 218B	👥 **Support in Advance,** 249C **Prior Knowledge/Building Background,** 249C **Selection Vocabulary,** 249D; **LAB,** 100 **Reading Strategies:** Predict/Infer, Monitor, Summarize, 250 👥 **Choices for Reading,** 250 (250–259)
Day 2 *Daily Independent Reading and Writing*	**Daily Language Practice:** Sentence 2, 267J **Teacher Read Aloud:** Bibliography, 218B	👥 **Choices for Reading,** 250 (260–265) **Self/Informal Assessment,** 262 **Personal Response,** 266 **Literature Discussion,** 266
Day 3 *Daily Independent Reading and Writing*	**Daily Language Practice:** Sentence 3, 267J **Teacher Read Aloud:** Bibliography, 218B	👥 **Reread/Cooperative Read,** 267 **Comprehension Check,** 267; **LAB,** 101 **Selection Connections,** 266; **LAB,** 83–84
✓ **Day 4** *Daily Independent Reading and Writing*	**Daily Language Practice:** Sentence 4, 267J **Teacher Read Aloud:** Bibliography, 218B	**Responding:** Student Choice, 266–267 **Read:** *Try To See It . . . If You Can!,* 268–271 **Response:** Student Choice, 271
Day 5 *Daily Independent Reading and Writing*	**Daily Language Practice:** Sentence 5, 267J **Teacher Read Aloud:** Bibliography, 218B	**Read:** *From the Not-So-Secret Files of the Bug Squad,* 272–273 **Response:** Practice/Apply–Propaganda, 273 *(or)* **Extend Independent Reading**

👥 = Meeting Individual Needs (small group)
✓ = Tested Skill
LAB = *Literacy Activity Book*

Instruct and Integrate

Teaching Reading Skills	Teaching Language Arts	Extending
Minilesson: Noting Details, 259 **Minilesson:** Inflected Forms, 267F	✓ **Spelling Pretest:** Final Schwa + *r* Sounds, 267H; **LAB,** 315, 316 ♟ **Spelling:** Challenge Words, 267H ✓ **Grammar:** Comparing with Adjectives, 267I; **LAB,** 109 **Writing/Communication:** Writing a Poem, 267C; **LAB,** 103	
✓ **Comprehension:** Compare and Contrast Minilesson, 255 (*and/or*) Interactive Learning, 267A; **LAB,** 102; Self/Informal Assessment, 267A **Vocabulary: LAB,** 105	✓ **Spelling:** Final Schwa + *r* Sounds, 267H; **LAB,** 107 ♟ **Spelling:** Challenge Words Practice, 267H ✓ **Grammar:** Comparing with Adjectives: Practice/Apply–Cooperative Learning, 267J; Informal Assessment, 267I **Writing/Communication:** Creative Writing: A Poem, 267D	**Cross-Curricular:** Dance/Dances of a Culture, 267M
♟ ✓ **Reteaching Comprehension:** Compare and Contrast, 267B ✓ **Phonics/Word Skills:** Synonyms and Antonyms, 267E; **LAB,** 104 **Minilesson:** Summarizing: Story Structure, 263	✓ **Spelling:** Final Schwa + *r* Sounds, 267H; **LAB,** 108 ✓ **Grammar:** Comparing with Adjectives: Writing Application: Profile: 267J **Writing/Communication:** Comic Dialogue, 267D	
✓ **Comprehension:** Compare and Contrast: Practice/Apply, 267A ♟ ✓ **Reteaching Phonics/Word Skills:** Synonyms and Antonyms, 267F **Vocabulary:** Texture Words, 267G (cooperative)	✓ **Spelling:** Final Schwa + *r* Sounds, 267H; Writing Application: **LAB,** 108 ♟ ✓ **Reteaching Grammar:** Comparing with Adjectives, 267J **Grammar: LAB,** 110 **Writing/Communication:** Comparing and Contrasting with Fine Art, 267L	**Cross-Curricular:** Science/Spiders, 267N
Minilesson: Propaganda, 273	✓ **Spelling Test:** Final Schwa + *r* Sounds, 267H ✓ **Grammar:** Comparing with Adjectives: Students' Writing, 267J	**Cross-Curricular:** Science/Entomologists, 267N

Introduce and Interact with the Literature

	Opening	Reading and Responding to Literature
Day 1 *Daily Independent Reading and Writing*	**Daily Language Practice:** Sentence 1, 295J **Teacher Read Aloud:** Bibliography, 218B	👥 **Support in Advance,** 273C **Prior Knowledge/Building Background,** 273C **Selection Vocabulary,** 273D; **LAB,** 111 **Reading Strategies:** Predict/Infer, Monitor, Think About Words, 274 📖 **Choices for Reading,** 274 (274–285)
Day 2 *Daily Independent Reading and Writing*	**Daily Language Practice:** Sentence 2, 295J **Teacher Read Aloud:** Bibliography, 218B	📖 **Choices for Reading,** 274 (286–293) **Self/Informal Assessment,** 290 **Personal Response,** 294 **Literature Discussion,** 294
Day 3 *Daily Independent Reading and Writing*	**Daily Language Practice:** Sentence 3, 295J **Teacher Read Aloud:** Bibliography, 218B	📖 **Reread/Cooperative Read,** 295 **Comprehension Check,** 295; **LAB,** 112 **Selection Connections,** 294; **LAB,** 83–84
Day 4 *Daily Independent Reading and Writing*	**Daily Language Practice:** Sentence 4, 295J **Teacher Read Aloud:** Bibliography, 218B	**Responding:** Student Choice, 294–295 **Read:** Poetry, 296–297 **Response:** Poetry, 297
Day 5 *Daily Independent Reading and Writing*	**Daily Language Practice:** Sentence 5, 295J **Teacher Read Aloud:** Bibliography, 218B	📖 **Reread,** 296–297 **Extend Independent Reading**

👥 = Meeting Individual Needs (small group)
✓ = Tested Skill
LAB = *Literacy Activity Book*

Instruct and Integrate

Teaching Reading Skills	Teaching Language Arts	Extending
Minilesson: Realistic Fiction, 275 **Minilesson:** Multiple Meanings, 295F	✓ **Spelling Pretest:** Final Schwa + *l* Sounds, 295H; **LAB,** 315, 316 👤 **Spelling:** Challenge Words, 295H ✓ **Grammar:** Action Verbs and Direct Objects, 295I; **LAB,** 119 ✓ **Writing/Communication:** Combining Sentences: Compound Subjects and Compound Predicates, 295C; **LAB,** 114	
✓ **Comprehension:** Predicting Outcomes Minilesson, 279 (*and/or*) Interactive Learning, 295A; **LAB,** 113; Self/Informal Assessment, 295A **Vocabulary: LAB,** 116	✓ **Spelling:** Final Schwa + *l* Sounds, 295H; **LAB,** 117 👤 **Spelling:** Challenge Words Practice, 295H ✓ **Grammar:** Action Verbs and Direct Objects: Practice/Apply–Cooperative Learning, 295J; Informal Assessment, 295I **Writing/Communication:** News Article, 295D	**Cross-Curricular:** Math/Batting Averages, 295M
👤 ✓ **Reteaching Comprehension:** Predicting Outcomes, 295B ✓ **Phonics/Word Skills:** Multiple-Meaning Words, 295E; **LAB,** 115 **Minilesson:** Problem Solving and Decision Making, 289	✓ **Spelling:** Final Schwa + *l* Sounds, 295H; **LAB,** 118 ✓ **Grammar:** Action Verbs and Direct Objects: Writing Application: Instructions, 295J **Writing/Communication:** Encouraging Words, 295K	
✓ **Comprehension:** Predicting Outcomes: Practice/Apply, 295A 👤 ✓ **Reteaching Phonics/Word Skills:** Multiple Meanings, 295F **Minilesson:** Compare and Contrast, 291	✓ **Spelling:** Final Schwa + *l* Sounds, 295H; Writing Application: **LAB,** 118 👤 ✓ **Reteaching Grammar:** Action Verbs and Direct Objects, 295J **Grammar: LAB,** 120 **Writing/Communication:** Coaching, 295K	**Cross-Curricular:** Physical Education/ Baseball Around the World, 295N
Vocabulary: Onomatopoeia, 295G (cooperative)	✓ **Spelling Test:** Final Schwa + *l* Sounds, 295H ✓ **Grammar:** Action Verbs and Direct Objects: Students' Writing, 295J	**Cross-Curricular:** Physical Education/ World Pastimes, 295N

Introduce and Interact with the Literature

	Opening	Reading and Responding to Literature
Day 1 *Daily Independent Reading and Writing*	**Daily Language Practice:** Sentence 1, 323J **Teacher Read Aloud:** Bibliography, 218B	👥 **Support in Advance,** 297C **Prior Knowledge/Building Background,** 297C **Selection Vocabulary,** 297D; **LAB,** 121 **Reading Strategies:** Self-Question, Evaluate, 298 👥 **Choices for Reading:** 298 (298–313)
Day 2 *Daily Independent Reading and Writing*	**Daily Language Practice:** Sentence 2, 323J **Teacher Read Aloud:** Bibliography, 218B	👥 **Choices for Reading:** 298 (314–321) **Self/Informal Assessment,** 320 **Personal Response,** 322 **Literature Discussion,** 322
Day 3 *Daily Independent Reading and Writing*	**Daily Language Practice:** Sentence 3, 323J **Teacher Read Aloud:** Bibliography, 218B	👥 **Reread/Cooperative Read,** 323 **Comprehension Check,** 323; **LAB,** 122 **Selection Connections,** 322; **LAB,** 83–84

Day 4
Daily Independent Reading and Writing
	Daily Language Practice: Sentence 4, 323J
	Teacher Read Aloud: Bibliography, 218B
		Responding: Student Choice, 322–323
		Read: *Living with a Hearing Impairment,* 324–329
		Response: Student Choice, 329
		  • Communications
		  • The Ear

Day 5 *Daily Independent Reading and Writing*	**Daily Language Practice:** Sentence 5, 323J **Teacher Read Aloud:** Bibliography, 218B	👥 **Reread,** 324–329 **Extend Independent Reading**

👥 = Meeting Individual Needs (small group)
✓ = Tested Skill
LAB = *Literacy Activity Book*

Instruct and Integrate

Teaching Reading Skills	Teaching Language Arts	Extending
Minilesson: Making Judgments, 309 **Minilesson:** Syllables, 323F	✓ **Spelling Pretest:** Homophones, 323H; **LAB,** 315, 316 📖 **Spelling:** Challenge Words, 323H ✓ **Grammar:** Linking Verbs, 323I; **LAB,** 131 **Writing/Communication:** Writing a Message, 323C; **LAB,** 124	
✓ **Comprehension:** Problem Solving and Decision Making Minilesson, 317 *(and/or)* Interactive Learning, 323A; **LAB,** 123; Self/Informal Assessment, 323A **Vocabulary: LAB,** 127	✓ **Spelling:** Homophones, 323H; **LAB,** 129 📖 **Spelling:** Challenge Words Practice, 323H ✓ **Grammar:** Linking Verbs: Practice/Apply–Cooperative Learning, 323J; Informal Assessment, 323I **Writing/Communication:** Message Circle, 323D	**Cross-Curricular:** Drama/Putting On a Play, 323M
📖 ✓ **Reteaching Comprehension:** Problem Solving and Decision Making, 323B ✓ **Phonics/Word Skills:** Syllables, 323E; **LAB,** 125 **Minilesson:** Predicting Outcomes, 315	✓ **Spelling:** Homophones, 323H; **LAB,** 130 ✓ **Grammar:** Linking Verbs: Writing Application: Slogans, 323J **Writing/Communication:** Reading Poetry, 323K	
✓ **Comprehension:** Problem Solving and Decision Making: Practice/Apply, 323A 📖 ✓ **Reteaching Phonics/Word Skills:** Syllables, 323F **Minilesson:** Choosing Reference Resources, 323N	✓ **Spelling:** Homophones, 323H; Writing Application: **LAB,** 130 📖 ✓ **Reteaching Grammar:** Linking Verbs, 323J; **LAB,** 132 **Writing/Communication:** Making a Friendship Collage, 323L	**Cross-Curricular:** Careers/Theater: Working Behind the Scenes, 323N
Vocabulary: Idioms, 323G (cooperative)	✓ **Spelling Test:** Homophones, 323H ✓ **Grammar:** Linking Verbs: Students' Writing, 323J	**Celebrating the Theme:** Create a Class Magazine, 329C

Dec Before Xmas Break

Introduce and Interact with the Literature

	Opening	Reading and Responding to Literature
Day 1 *Daily Independent Reading and Writing*	**Launching the Theme:** • Setting the Scene, 334G • Preparing for Disaster, 334G **Daily Language Practice:** Sentence 1, 355J **Teacher Read Aloud:** Bibliography, 334B	👥 **Support in Advance,** 335C **Prior Knowledge/Building Background,** 335C **Selection Vocabulary,** 335D; **LAB,** 137 **Reading Strategies:** Predict/Infer, 336 👥 **Choices for Reading,** 336 (336–347)
Day 2 *Daily Independent Reading and Writing*	**Daily Language Practice:** Sentence 2, 355J **Teacher Read Aloud:** Bibliography, 334B	👥 **Choices for Reading,** 336 (348–353) **Self/Informal Assessment,** 352 **Personal Response,** 354 **Literature Discussion,** 354
Day 3 *Daily Independent Reading and Writing*	**Daily Language Practice:** Sentence 3, 355J **Teacher Read Aloud:** Bibliography, 334B	👥 **Reread/Cooperative Read,** 352 **Comprehension Check,** 355; **LAB,** 139 **Selection Connections,** 354; **LAB,** 135–136
Day 4 *Daily Independent Reading and Writing*	**Daily Language Practice:** Sentence 4, 355J **Teacher Read Aloud:** Bibliography, 334B	**Responding:** Student Choice, 354–355 **Read:** *Tornado!,* 356–359 **Response:** Student Choice, 358 • Letter • Posters • Storm Scenes
Day 5 *Daily Independent Reading and Writing*	**Daily Language Practice:** Sentence 5, 355J **Teacher Read Aloud:** Bibliography, 334B	**Read:** Natural Forces: Four Big Ones, 360–363 **Response:** Student Choice, 363 • Researching and Mapping Disasters • Clouds *(or)* **Extend Independent Reading**

👥 = Meeting Individual Needs (small group)
✓ = Tested Skill
LAB = *Literacy Activity Book*

Instruct and Integrate

Teaching Reading Skills	Teaching Language Arts	Extending
Minilesson: Problem Solving and Decision Making, 343 **Minilesson:** Parts of Speech, 355F	✓ **Spelling Pretest:** Compound Words, 355H; **LAB,** 317, 318 👥 **Spelling:** Challenge Words, 355H ✓ **Grammar:** Subject-Verb Agreement, 355I; **LAB,** 146 **Writing/Communication:** Writing a News Article, 355C; **LAB,** 141	**Launching the Theme Project:** Writing About Severe Weather, 334H
✓ **Comprehension:** Cause and Effect Minilesson, 351 (*and/or*) Interactive Learning, 355A; **LAB,** 140; Self/Informal Assessment, 355A **Vocabulary: LAB,** 143	✓ **Spelling:** Compound Words, 355H; **LAB,** 144 👥 **Spelling:** Challenge Words Practice, 355H ✓ **Grammar:** Subject-Verb Agreement: Practice/Apply—Cooperative Learning, 355J; Informal Assessment, 355I **Writing/Communication:** Shared Writing: Writing Headlines and News Articles, 355D	**Cross-Curricular:** Math/Weather Record/Graph, 355M
👥 ✓ **Reteaching Comprehension:** Cause and Effect, 355B ✓ **Phonics/Word Skills:** Analogies, 355E; **LAB,** 142 **Minilesson:** Mood, 339	✓ **Spelling:** Compound Words, 355H; **LAB,** 145 ✓ **Grammar:** Subject-Verb Agreement: Writing Application: Twister Lister, 355J **Writing/Communication:** Capture the Mood, 355D	
✓ **Comprehension:** Cause and Effect: Practice/Apply, 355A 👥 ✓ **Reteaching Phonics/Word Skills:** Vocabulary: Analogies, 355F **Vocabulary:** Weather Words, 355G (cooperative) **Minilesson:** Poetry, 359	✓ **Spelling:** Compound Words, 355H; Writing Application: **LAB,** 145 👥 ✓ **Reteaching Grammar:** Subject-Verb Agreement, 355J **Grammar: LAB,** 147 **Writing/Communication:** Weather Video, 355L	**Cross-Curricular:** Science/Studying Weather, 355N
Vocabulary: Word Root: *vac,* 355G **Minilesson:** Drawing Conclusions, 341	✓ **Spelling Test:** Compound Words, 355H ✓ **Grammar:** Subject-Verb Agreement: Students' Writing, 355J	

Introduce and Interact with the Literature

	Opening	Reading and Responding to Literature
Day 1 *Daily Independent Reading and Writing*	**Daily Language Practice:** Sentence 1, 387J **Teacher Read Aloud:** Bibliography, 334B	👤 **Support in Advance,** 365C **Prior Knowledge/Building Background,** 365C **Selection Vocabulary,** 365D; **LAB,** 148 **Reading Strategies:** Self-Question, Monitor, Evaluate, 368 👤 **Choices for Reading,** 368 (368–375)
Day 2 *Daily Independent Reading and Writing*	**Daily Language Practice:** Sentence 2, 387J **Teacher Read Aloud:** Bibliography, 334B	👤 **Choices for Reading,** 368 (376–385) **Self/Informal Assessment,** 384 **Personal Response,** 386 **Literature Discussion,** 386
Day 3 *Daily Independent Reading and Writing*	**Daily Language Practice:** Sentence 3, 387J **Teacher Read Aloud:** Bibliography, 334B	👤 **Reread/Independent Reading,** 386 **Comprehension Check,** 387; **LAB,** 149 **Selection Connections,** 386; **LAB,** 135–136
Day 4 *Daily Independent Reading and Writing*	**Daily Language Practice:** Sentence 4, 387J **Teacher Read Aloud:** Bibliography, 334B	**Responding:** Student Choice, 386–387 **Read:** *Preparing for Disaster,* 364–365
Day 5 *Daily Independent Reading and Writing*	**Daily Language Practice:** Sentence 5, 387J **Teacher Read Aloud:** Bibliography, 334B	👤 **Reread,** 364–365 **Response:** Student Choice, 365 • Writing a Class Letter • Role-Play *(or)* **Extend Independent Reading**

👤 = Meeting Individual Needs (small group)
✓ = Tested Skill
LAB = *Literacy Activity Book*

Instruct and Integrate

Teaching Reading Skills	Teaching Language Arts	Extending
Minilesson: Cause and Effect, 373 **Minilesson:** Stressed Syllables, 387F	✓ **Spelling Pretest:** The VCCV and VCV Patterns, 387H; **LAB,** 317–318 📖 **Spelling:** Challenge Words, 387H ✓ **Grammar:** Verb Tenses, 387I; **LAB,** 157 ✓ **Writing/Communication:** Paraphrasing, 387C; **LAB,** 151	
✓ **Comprehension:** Making Generalizations Minilesson, 375 (*and/or*) Interactive Learning, 387A; **LAB,** 150; Self/Informal Assessment, 387A **Vocabulary: LAB,** 153–154	✓ **Spelling:** The VCCV and VCV Patterns, 387H; **LAB,** 155 📖 **Spelling:** Challenge Words Practice, 387H ✓ **Grammar:** Verb Tenses: Practice/Apply—Cooperative Learning, 387J; Informal Assessment, 387I **Writing/Communication:** Creating a Book Jacket, 387D	**Cross-Curricular:** Science/Create a Seismic Wave, 387M
📖 ✓ **Reteaching Comprehension:** Making Generalizations, 387B ✓ **Phonics/Word Skills:** Word Roots *struct* and *rupt,* 387E; **LAB,** 152 **Minilesson:** Evaluating Information, 377	✓ **Spelling:** The VCCV and VCV Patterns, 387H; **LAB,** 156 ✓ **Grammar:** Verb Tenses: Writing Application: Award Speech, 387J **Writing/Communication:** Explaining How Earthquakes Occur, 387K	
✓ **Comprehension:** Making Generalizations: Practice/Apply, 387A 📖 ✓ **Reteaching Phonics/Word Skills:** Word Roots *struct* and *rupt,* 387F **Minilesson:** Follow Directions, 385	✓ **Spelling:** The VCCV and VCV Patterns, 387H; Writing Application: **LAB,** 156 📖 ✓ **Reteaching Grammar:** Verb Tenses, 387J **Grammar: LAB,** 158 **Writing/Communication:** Reading Maps and Diagrams, 387L	**Cross-Curricular:** Careers/Investigating Careers, 387N
Vocabulary: The Word Parts *multi-* and *poly-,* 387G **Minilesson:** Outlining, 379 ✓ **Minilesson:** Follow and Write Directions, 365	✓ **Spelling Test:** The VCCV and VCV Patterns, 387H ✓ **Grammar:** Verb Tenses: Students' Writing, 387J	**Cross-Curricular:** Math/Plate Problems, 387N

Introduce and Interact with the Literature

	Opening	Reading and Responding to Literature
Day 1 *Daily Independent Reading and Writing*	**Teacher Read Aloud:** Bibliography, 334B	👥 *Paperback Plus*–**Easy/Developmentally Appropriate:** *Head for the Hills!* 👥 *Paperback Plus*–**Average/Challenging:** *Volcano: The Eruption and Healing of Mount St. Helens*
Day 2 *Daily Independent Reading and Writing*	**Teacher Read Aloud:** Bibliography, 334B	**See Teacher's Resource for *Paperback Plus*** *(and/or)* **any other developmentally appropriate titles for literature study.**
Day 3 *Daily Independent Reading and Writing*	**Teacher Read Aloud:** Bibliography, 334B	
Day 4 *Daily Independent Reading and Writing*	**Teacher Read Aloud:** Bibliography, 334B	**Read:** *How Thunder and Earthquake Met Ocean,* 392–395
Day 5 *Daily Independent Reading and Writing*	**Teacher Read Aloud:** Bibliography, 334B	**Response:** Student Choice, 395

👥 = Meeting Individual Needs (small group)
✓ = Tested Skill
LAB = *Literacy Activity Book*

Instruct and Integrate

Teaching Reading Skills	Teaching Language Arts	Extending
See Teacher's Resource for appropriate *Paperback Plus* for suggestions.	**Reading-Writing Workshop:** (Application of Spelling/Grammar) **Connecting to *Earthquakes*,** 388 **Introduce and Discuss:** Student Model, 388–391 **Shared Writing,** 391A 👤 **Minilesson:** Main Idea and Topic Sentence, 391A **Spelling Pretest:** Words Often Misspelled, 391E; **LAB,** 319, 320 👤 **Spelling:** Challenge Words, 391E	**Ongoing Theme Project:** Writing About Severe Weather, 334H
See Teacher's Resource for appropriate *Paperback Plus* for suggestions.	**Prewriting,** 391A–391B; **LAB,** 159–160 **Drafting,** 391C 👤 **Minilesson:** Supporting Details, 391B **Spelling:** Words Often Misspelled, 391E; **LAB,** 271 👤 **Spelling:** Challenge Words Practice, 391E	
See Teacher's Resource for appropriate *Paperback Plus* for suggestions.	**Revising,** 391C–391D 👤 **Minilesson:** Introductions and Conclusions, 391C **Writing Conference,** 391D **Spelling:** Words Often Misspelled, 391E; **LAB,** 272	
See Teacher's Resource for appropriate *Paperback Plus* for suggestions. **Minilesson:** Traditional Tale, 393	**Continue Revising: LAB,** 161 **Proofreading,** 391E **Spelling:** Words Often Misspelled, 391E; Writing Application: **LAB,** 272	See Teacher's Resource for appropriate *Paperback Plus* activities.
See Teacher's Resource for appropriate *Paperback Plus* for suggestions.	**Publishing and Sharing,** 391E–391F **Reflecting/Self-Assessment,** 391F **Evaluating,** 391F **Spelling Test:** Words Often Misspelled, 391E	

Introduce and Interact with the Literature

	Opening	Reading and Responding to Literature
Day 1 *Daily Independent Reading and Writing*	**Daily Language Practice:** Sentence 1, 421J **Teacher Read Aloud:** Bibliography, 334B	👥 **Support in Advance,** 395C **Prior Knowledge/Building Background,** 395C **Selection Vocabulary,** 395D, **LAB,** 162 **Reading Strategies:** Self-Question, Evaluate, 396 📖 **Choices for Reading,** 396 (396–411)
Day 2 *Daily Independent Reading and Writing*	**Daily Language Practice:** Sentence 2, 421J **Teacher Read Aloud:** Bibliography, 334B	📖 **Choices for Reading,** 396 (412–419) **Self/Informal Assessment,** 418 **Personal Response,** 420 **Literature Discussion,** 420
Day 3 *Daily Independent Reading and Writing*	**Daily Language Practice:** Sentence 3, 421J **Teacher Read Aloud:** Bibliography, 334B	👥 **Reread/Independent,** 418 **Comprehension Check,** 421; **LAB,** 163 **Selection Connections,** 420; **LAB,** 135–136
Day 4 *Daily Independent Reading and Writing*	**Daily Language Practice:** Sentence 4, 421J **Teacher Read Aloud:** Bibliography, 334B	**Responding:** Student Choice, 420–421 **Read:** "Kids' Tributes to *Challenger,*" 422–423 **Response:** Student's Choice, 423 • Word-Picture Collage • Tribute Poem • Letter
Day 5 *Daily Independent Reading and Writing*	**Daily Language Practice:** Sentence 5, 421J **Teacher Read Aloud:** Bibliography, 334B	**Read:** *Ramstein Air Show Crash,* 425–427 **Response:** Student Choice, 427 • Create a Sign • News Account • Mini-Debate *(or)* **Extend Independent Reading**

👥 = Meeting Individual Needs (small group)
✓ = Tested Skill
LAB = *Literacy Activity Book*

Instruct and Integrate

Teaching Reading Skills	Teaching Language Arts	Extending
Minilesson: Fact and Opinion, 401 **Minilesson:** Think About Words, 421F	✓ **Spelling Pretest:** The VCCCV Pattern, 421H; **LAB,** 319–320 👥 **Spelling:** Challenge Words, 421H ✓ **Grammar:** Irregular Verbs, 421I; **LAB,** 170 **Writing/Communication:** Writing a Business Letter, 421C; **LAB,** 165	
✓ **Comprehension:** Drawing Conclusions Minilesson, 405 (*and/or*) Interactive Learning, 421A; **LAB,** 164; Self/Informal Assessment, 421A **Vocabulary: LAB,** 167	✓ **Spelling:** The VCCCV Pattern, 421H; **LAB,** 168 👥 **Spelling:** Challenge Words Practice, 421H ✓ **Grammar:** Irregular Verbs: Practice/Apply–Cooperative Learning, 421J; Informal Assessment, 421I **Writing/Communication:** Write a Business Letter, 421D	**Cross-Curricular:** Math/Scale Model Planets, 421M
👥 ✓ **Reteaching Comprehension:** Drawing Conclusions, 421B ✓ **Phonics/Word Skills:** Compound Words, 421E; **LAB,** 166 **Minilesson:** Adjusting Rate of Reading, 409	✓ **Spelling:** The VCCCV Pattern, 421H; **LAB,** 169 ✓ **Grammar:** Irregular Verbs: Writing Application: An Important Event, 421J **Writing/Communication:** Conducting Interviews, 421K	
✓ **Comprehension:** Drawing Conclusions: Practice/Apply, 421A 👥 ✓ **Reteaching Phonics/Word Skills:** Compound Words, 421F **Minilesson:** Making Generalizations, 415	✓ **Spelling:** The VCCCV Pattern, 421H; Writing Application: **LAB,** 169 👥 ✓ **Reteaching Grammar:** Irregular Verbs, 421J **Grammar: LAB,** 171 **Writing/Communication:** Posed vs. Candid Photographs, 421L	**Cross-Curricular:** Science/Tour the Space Shuttle, 421N
Vocabulary: Word Roots: *astro, aster, astr-,* 421G **Minilesson:** Test Taking, 411	✓ **Spelling Test:** The VCCCV Pattern, 421H ✓ **Grammar:** Irregular Verbs: Students' Writing, 421J	**Celebrating the Theme:** Create Emergency Kits, 427C

Test Feb 14th

Introduce and Interact with the Literature

	Opening	Reading and Responding to Literature
Day 1 *Daily Independent Reading and Writing*	**Launching the Theme:** • Setting the Scene, 432G • My Western Adventure, 432G **Daily Language Practice:** Sentence 1, 459J **Teacher Read Aloud:** Bibliography, 432B	👥 **Support in Advance,** 433C **Prior Knowledge/Building Background,** 433C **Selection Vocabulary,** 433D; **LAB,** 175 **Reading Strategies:** Self-Question, Monitor, 434 📖 **Choices for Reading,** 434 (434–447)
Day 2 *Daily Independent Reading and Writing*	**Daily Language Practice:** Sentence 2, 459J **Teacher Read Aloud:** Bibliography, 432B	📖 **Choices for Reading,** 434 (448–457) **Self/Informal Assessment,** 456 **Personal Response,** 458 **Literature Discussion,** 458
Day 3 *Daily Independent Reading and Writing*	**Daily Language Practice:** Sentence 3, 459J **Teacher Read Aloud:** Bibliography, 432B	👥 **Reread/Independent,** 456 **Comprehension Check,** 459; **LAB,** 176 **Selection Connections,** 458; **LAB,** 173–174
Day 4 *Daily Independent Reading and Writing*	**Daily Language Practice:** Sentence 4, 459J **Teacher Read Aloud:** Bibliography, 432B	**Responding:** Student Choice, 458–459 **Read:** *Voices of the West,* 460–467 **Response:** Compare and Contrast, 461
Day 5 *Daily Independent Reading and Writing*	**Daily Language Practice:** Sentence 5, 459J **Teacher Read Aloud:** Bibliography, 432B	👥 **Reread,** 460–467 **Response:** Student Choice, 467 • Mapping wagon-train routes • Drawing or painting images • Comparing settlers' lifestyles *(or)* **Extend Independent Reading**

👥 = Meeting Individual Needs (small group)
✓ = Tested Skill
LAB = *Literacy Activity Book*

Instruct and Integrate

Teaching Reading Skills	Teaching Language Arts	Extending
Minilesson: Personal Narrative, 437 **Minilesson:** Decoding Longer Words, 459F	✓ **Spelling Pretest:** Adding *-ed* or *-ing*, 459H; **LAB,** 321, 322 👥 **Spelling:** Challenge Words, 459H ✓ **Grammar:** Punctuating Dialogue, 459I; **LAB,** 183 ✓ **Writing/Communication:** Writing an Answer to an Essay Question, 459C; **LAB,** 178	**Launching the Theme Project:** Changes in Native American Life, 432H
✓ **Comprehension:** Propaganda Minilesson, 445 (*and/or*) Interactive Learning, 459A; **LAB,** 177; Self/Informal Assessment, 459A **Vocabulary: LAB,** 180	✓ **Spelling:** Adding *-ed* or *-ing*, 459H; **LAB,** 181 👥 **Spelling:** Challenge Words Practice, 459H ✓ **Grammar:** Punctuating Dialogue: Practice/Apply—Cooperative Learning, 459J; Informal Assessment, 459I **Writing/Communication:** Answer This!, 459D	**Cross-Curricular:** Science/Ecosystems Poster, 459M
👥 ✓ **Reteaching Comprehension:** Propaganda, 459B ✓ **Phonics/Word Skills:** Word Roots *port* and *spec,* 459E; **LAB,** 179 **Minilesson:** Author's Viewpoint, 447	✓ **Spelling:** Adding *-ed* or *-ing*, 459H; **LAB,** 182 ✓ **Grammar:** Punctuating Dialogue: Writing Application: A Conversation, 459J **Writing/Communication:** Sharing Memoirs, 459K	
✓ **Comprehension:** Propaganda: Practice/Apply, 459B 👥 ✓ **Reteaching Phonics/Word Skills:** Word Roots *port* and *spec,* 459F **Vocabulary:** Words of the Old West, 459G (cooperative) **Minilesson:** Index, 459N	✓ **Spelling:** Adding *-ed* or *-ing*, 459H; Writing Application: **LAB,** 182 👥 ✓ **Reteaching Grammar:** Punctuating Dialogue, 459J **Grammar: LAB,** 184 **Writing/Communication:** Paintings of the American West, 459L	**Cross-Curricular:** Social Studies/ Western Territory, 459N
Vocabulary: Word History: *turquoise,* 459G (cooperative) **Minilesson:** Making Judgments, 451	✓ **Spelling Test:** Adding *-ed* or *-ing*, 459H ✓ **Grammar:** Punctuating Dialogue: Students' Writing, 459J	

Introduce and Interact with the Literature

	Opening	Reading and Responding to Literature
Day 1 *Daily Independent Reading and Writing*	**Teacher Read Aloud:** Bibliography, 432B	👤 *Paperback Plus—Easy/Developmentally Appropriate: Skylark* 👤 *Paperback Plus—Average/Challenging: Old Yeller*
Day 2 *Daily Independent Reading and Writing*	**Teacher Read Aloud:** Bibliography, 432B	**See Teacher's Resource for *Paperback Plus*** *(and/or)* **any other developmentally appropriate titles for literature study.**
Day 3 *Daily Independent Reading and Writing*	**Teacher Read Aloud:** Bibliography, 432B	
Day 4 *Daily Independent Reading and Writing*	**Teacher Read Aloud:** Bibliography, 432B	**Read:** Poetry, 470–471
Day 5 *Daily Independent Reading and Writing*	**Teacher Read Aloud:** Bibliography, 432B	**Response:** Practice/Apply—Poetry, 471

👤 = Meeting Individual Needs (small group)
✓ = Tested Skill
LAB = *Literacy Activity Book*

Instruct and Integrate

Teaching Reading Skills	Teaching Language Arts	Extending
See Teacher's Resource for appropriate *Paperback Plus* for suggestions.	**Reading-Writing Workshop:** (Application of Spelling/Grammar) **Connecting to Literature,** 468 **Introduce and Discuss:** Student Model, 468–469 **Shared Writing,** 469A 👤 **Minilesson:** Supplying Details, 469A **Spelling Pretest:** Words Often Misspelled, 469E; **LAB,** 321, 322 👤 **Spelling:** Challenge Words, 469E	**Ongoing Theme Project:** Changes in Native American Life, 432H
See Teacher's Resource for appropriate *Paperback Plus* for suggestions.	**Prewriting,** 469A–469B; **LAB,** 185–186 **Drafting,** 469C 👤 **Minilesson:** Using Dialogue, 469B **Spelling:** Words Often Misspelled, 469E; **LAB,** 275 👤 **Spelling:** Challenge Words Practice, 469E	
See Teacher's Resource for appropriate *Paperback Plus* for suggestions.	**Revising:** 469C–469D 👤 **Minilesson:** Good Beginnings, 469C **Writing Conference:** 469D **Spelling:** Words Often Misspelled, 469E; **LAB,** 276	
See Teacher's Resource for appropriate *Paperback Plus* for suggestions. **Minilesson:** Poetry, 471	**Continue Revising: LAB,** 187 **Proofreading,** 469E **Spelling:** Words Often Misspelled, 469E; Writing Application: **LAB,** 276	See Teacher's Resource for appropriate *Paperback Plus* activities.
See Teacher's Resource for appropriate *Paperback Plus* for suggestions.	**Publishing and Sharing,** 469E–469F **Reflecting/Self-Assessment,** 469F **Evaluating,** 469F **Spelling Test:** Words Often Misspelled, 469E	

Introduce and Interact with the Literature

	Opening	Reading and Responding to Literature
Day 1 *Daily Independent Reading and Writing*	**Daily Language Practice:** Sentence 1, 491J **Teacher Read Aloud:** Bibliography, 432B	👤 **Support in Advance,** 471C **Prior Knowledge/Building Background,** 471C **Selection Vocabulary,** 471D; **LAB,** 188 **Reading Strategies:** Self-Question, Summarize, 472 👥 **Choices for Reading,** 472 (472–481)
Day 2 *Daily Independent Reading and Writing*	**Daily Language Practice:** Sentence 2, 491J **Teacher Read Aloud:** Bibliography, 432B	👥 **Choices for Reading,** 472 (482–489) **Self/Informal Assessment,** 488 **Personal Response,** 490 **Literature Discussion,** 490
Day 3 *Daily Independent Reading and Writing*	**Daily Language Practice:** Sentence 3, 491J **Teacher Read Aloud:** Bibliography, 432B	👥 **Reread/Independent,** 488 **Comprehension Check,** 491; **LAB,** 189 **Selection Connections,** 490; **LAB,** 173–174
Day 4 *Daily Independent Reading and Writing*	**Daily Language Practice:** Sentence 4, 491J **Teacher Read Aloud:** Bibliography, 432B	**Responding:** Student Choice, 490–491 **Read:** *Where Did They Live?,* 492–497 **Minilesson:** Practice/Apply–Following Directions, 495
Day 5 *Daily Independent Reading and Writing*	**Daily Language Practice:** Sentence 5, 491J **Teacher Read Aloud:** Bibliography, 432B	👥 **Reread,** 492–497 **Response:** Writing, 497 *(or)* **Extend Independent Reading**

> 👥 = Meeting Individual Needs (small group)
> ✓ = Tested Skill
> **LAB** = *Literacy Activity Book*

Instruct and Integrate

Teaching Reading Skills	Teaching Language Arts	Extending
Minilesson: History Writing, 475 **Minilesson:** Think About Words, 491F *(handwritten: 491E)*	✓ **Spelling Pretest:** Changing Final *y* to *i*, 491H; **LAB,** 321, 322 ♟ **Spelling:** Challenge Words, 491H ✓ **Grammar:** Subject and Object Pronouns, 491I; **LAB,** 196 **Writing/Communication:** Writing Instructions, 491C; **LAB,** 191	
✓ **Comprehension:** Making Judgments Minilesson, 483 (*and/or*) Interactive Learning, 491A; **LAB,** 190; Self/Informal Assessment, 491A **Vocabulary: LAB,** 193	✓ **Spelling:** Changing Final *y* to *i*, 491H; **LAB,** 194 ♟ **Spelling:** Challenge Words Practice, 491H ✓ **Grammar:** Subject and Object Pronouns: Practice/Apply—Cooperative Learning, 491J; Informal Assessment, 491I **Writing/Communication:** Write Instructions, 491D	**Cross-Curricular:** Art/Experiment with Indian Crafts, 491M
♟ ✓ **Reteaching Comprehension:** Making Judgments, 491B ✓ **Phonics/Word Skills:** Prefixes *ex-, dis-,* and *mis-,* 491E; **LAB,** 192 **Minilesson:** Propaganda, 485	✓ **Spelling:** Changing Final *y* to *i*, 491H; **LAB,** 195 ✓ **Grammar:** Subject and Object Pronouns: Writing Application: Play by Play, 491J **Writing/Communication:** Demonstrating Propaganda, 491K	
✓ **Comprehension:** Making Judgments: Practice/Apply, 491A ♟ ✓ **Reteaching Phonics/Word Skills:** Prefixes *ex-, dis-,* and *mis-,* 491F **Minilesson:** Diagrams, 497	✓ **Spelling:** Changing Final *y* to *i*, 491H; Writing Application: **LAB,** 195 ♟ ✓ **Reteaching Grammar:** Subject and Object Pronouns, 491J **Grammar: LAB,** 197 **Writing/Communication:** Comparing Pictures, 491L	**Cross-Curricular:** Social Studies/Make an American Indian Legend Poster, 491N
Vocabulary: Words of Native American Origin, 491G **Minilesson:** Compare and Contrast, 487	✓ **Spelling Test:** Changing Final *y* to *i*, 491H ✓ **Grammar:** Subject and Object Pronouns: Students' Writing, 491J	**Cross-Curricular:** Social Studies/Indian Homelands: Then and Now, 491N

Introduce and Interact with the Literature

	Opening	Reading and Responding to Literature
Day 1 *Daily Independent Reading and Writing*	**Daily Language Practice:** Sentence 1, 517J **Teacher Read Aloud:** Bibliography, 432B	👥 **Support in Advance,** 497C **Prior Knowledge/Building Background,** 497C **Selection Vocabulary,** 497D; **LAB,** 198 **Reading Strategies:** Predict/Infer, Monitor, Think About Words, 498 👥 **Choices for Reading,** 498 (498–509)
Day 2 *Daily Independent Reading and Writing*	**Daily Language Practice:** Sentence 2, 517J **Teacher Read Aloud:** Bibliography, 432B	👥 **Choices for Reading,** 498 (510–515) **Self/Informal Assessment,** 514 **Personal Response,** 516 **Literature Discussion,** 516
Day 3 *Daily Independent Reading and Writing*	**Daily Language Practice:** Sentence 3, 517J **Teacher Read Aloud:** Bibliography, 432B	👥 **Reread/Cooperative Read,** 514 **Comprehension Check,** 517; **LAB,** 199 **Selection Connections,** 516; **LAB,** 173–174
Day 4 *Daily Independent Reading and Writing*	**Daily Language Practice:** Sentence 4, 517J **Teacher Read Aloud:** Bibliography, 432B	**Responding:** Student Choice, 516–517 **Read:** *Home on the Range,* 518–519 **Response:** Singing, 518
Day 5 *Daily Independent Reading and Writing*	**Daily Language Practice:** Sentence 5, 517J **Teacher Read Aloud:** Bibliography, 432B	**Read:** *Old Man Coyote and the Rock,* 520–525 **Response:** • Tell a Trickster Tale, 523 • Coyote Cartoon, 524 *(or)* **Extend Independent Reading**

👥 = Meeting Individual Needs (small group)
✓ = Tested Skill
LAB = *Literacy Activity Book*

Instruct and Integrate

Teaching Reading Skills	Teaching Language Arts	Extending
Minilesson: Play, 499 **Minilesson:** Variations in Pronunciation and Spelling, 517F	✓ **Spelling Pretest:** Adding *-ion,* 517H; **LAB,** 323, 324 🏛 **Spelling:** Challenge Words, 517H ✓ **Grammar:** Possessive Pronouns and Contractions with Pronouns, 517I; **LAB,** 207 **Writing/Communication:** Writing a Play, 517C; **LAB,** 202	
✓ **Comprehension:** Following Directions Minilesson, 511 (*and/or*) Interactive Learning, 517A; **LAB,** 201; Self/Informal Assessment, 517A **Vocabulary: LAB,** 204	✓ **Spelling:** Adding *-ion,* 517H; **LAB,** 205 🏛 **Spelling:** Challenge Words Practice, 517H ✓ **Grammar:** Possessive Pronouns and Contractions with Pronouns: Practice/Apply–Cooperative Learning, 517J; Informal Assessment, 517I **Writing/Communication:** Shared Writing: A Play, 517D	**Cross-Curricular:** Art/Perform the Play, 517M
🏛 ✓ **Reteaching Comprehension:** Following Directions, 517B ✓ **Phonics/Word Skills:** Contractions and Possessives, 517E; **LAB,** 203 **Minilesson:** Fantasy and Realism, 503	✓ **Spelling:** Adding *-ion,* 517H; **LAB,** 206 ✓ **Grammar:** Possessive Pronouns and Contractions with Pronouns: Writing Application: Paragraph, 517J **Writing/Communication:** Making Introductions, 517K	
✓ **Comprehension:** Following Directions: Practice/Apply, 517A 🏛 ✓ **Reteaching Phonics/Word Skills:** Contractions and Possessives, 517F **Minilesson:** Song, 519	✓ **Spelling:** Adding *-ion,* 517H; Writing Application: **LAB,** 206 🏛 ✓ **Reteaching Grammar:** Possessive Pronouns and Contractions with Pronouns, 517J **Grammar: LAB,** 208 **Writing/Communication:** Exaggerations in Art, 517L	**Cross-Curricular:** Social Studies/ Cowhands: Fact and Fiction, 517N
Vocabulary: Idioms, 517G **Minilesson:** Text Organization, 509	✓ **Spelling Test:** Adding *-ion,* 517H ✓ **Grammar:** Possessive Pronouns and Contractions with Pronouns: Students' Writing, 517J	**Celebrating the Theme:** Changes in the West Exhibit, 525C

Test march 1st

Introduce and Interact with the Literature

	Opening	Reading and Responding to Literature
Day 1 *Daily Independent Reading and Writing*	**Launching the Theme:** • Setting the Scene, 530G • Exaggerations, 530G **Daily Language Practice:** Sentence 1, 549J **Teacher Read Aloud:** Bibliography, 530B	👥 **Support in Advance,** 531C **Prior Knowledge/Building Background,** 531C **Selection Vocabulary,** 531D; **LAB,** 213 **Reading Strategies:** Predict/Infer, Summarize, Evaluate, 534 📖 **Choices for Reading,** 534 (532–543)
Day 2 *Daily Independent Reading and Writing*	**Daily Language Practice:** Sentence 2, 549J **Teacher Read Aloud:** Bibliography, 530B	📖 **Choices for Reading,** 534 (544–547) **Self/Informal Assessment,** 546 **Personal Response,** 548 **Literature Discussion,** 548
Day 3 *Daily Independent Reading and Writing*	**Daily Language Practice:** Sentence 3, 549J **Teacher Read Aloud:** Bibliography, 530B	👥 **Reread/Independent,** 549 **Comprehension Check,** 549; **LAB,** 214 **Selection Connections,** 548; **LAB,** 211–212
Day 4 *Daily Independent Reading and Writing*	**Daily Language Practice:** Sentence 4, 549J **Teacher Read Aloud:** Bibliography, 530B	**Responding:** Student Choice, 548–549 **Read:** *Mistakes That Worked,* 550–553
Day 5 *Daily Independent Reading and Writing*	**Daily Language Practice:** Sentence 5, 549J **Teacher Read Aloud:** Bibliography, 530B	👥 **Reread,** 550–553 **Response:** Student Choice, 553 • Math • Health • Art • Science *(or)* **Extend Independent Reading**

👥 = Meeting Individual Needs (small group)
✓ = Tested Skill
LAB = *Literacy Activity Book*

Instruct and Integrate

Teaching Reading Skills	Teaching Language Arts	Extending
Minilesson: Predicting Outcomes, 539 **Minilesson:** Prefixes and Suffixes, 549F	✓ **Spelling Pretest:** Prefixes *in-* and *con-*, 549H; **LAB,** 323, 324 👥 **Spelling:** Challenge Words, 549H ✓ **Grammar:** Double Negatives, 549I; **LAB,** 221 ✓ **Writing/Communication:** Writing Clearly with Pronouns, 549C; **LAB,** 216	**Launching the Theme Project:** Fictionary, 530H
✓ **Comprehension:** Summarizing: Story Structure Minilesson, 545 *(and/or)* Interactive Learning, 549A; **LAB,** 215; Self/Informal Assessment, 549A **Vocabulary: LAB,** 218	✓ **Spelling:** Prefixes *in-* and *con-*, 549H; **LAB,** 219 👥 **Spelling:** Challenge Words Practice, 549H ✓ **Grammar:** Double Negatives: Practice/Apply–Cooperative Learning, 549J; Informal Assessment, 549I **Writing/Communication:** Write About the Unexpected, 549D	**Cross-Curricular:** Music/Mexican Traditional Music, 549M
👥 ✓ **Reteaching Comprehension:** Summarizing: Story Structure, 549B ✓ **Phonics/Word Skills:** The Prefix *con-*, 549E; **LAB,** 217 **Minilesson:** Making Inferences, 543	✓ **Spelling:** Prefixes *in-* and *con-*, 549H; **LAB,** 220 ✓ **Grammar:** Double Negatives: Writing Application: Letter, 549J **Writing/Communication:** Lip-Synching, 549L	
✓ **Comprehension:** Summarizing: Story Structure: Practice/Apply, 549A 👥 ✓ **Reteaching Phonics/Word Skills:** The Prefix *con-*, 549F **Vocabulary:** Prefix *syn-* or *sym-*, 549G (cooperative)	✓ **Spelling:** Prefixes *in-* and *con-*, 549H; Writing Application: **LAB,** 220 👥 ✓ **Reteaching Grammar:** Double Negatives, 549J **Grammar: LAB,** 222 **Writing/Communication:** Announcing, 549K	**Cross-Curricular:** Science/Manuel's Experiment, 549N
Vocabulary: Jargon, 549G	✓ **Spelling Test:** Prefixes *in-* and *con-*, 549H ✓ **Grammar:** Double Negatives: Students' Writing, 549J	

Introduce and Interact with the Literature

	Opening	Reading and Responding to Literature
Day 1 *Daily Independent Reading and Writing*	**Daily Language Practice:** Sentence 1, 573J **Teacher Read Aloud:** Bibliography, 530B	👤 **Support in Advance,** 555C **Prior Knowledge/Building Background,** 555C **Selection Vocabulary,** 555D; **LAB,** 223 **Reading Strategies:** Self-Question, Monitor, Predict/Infer, 556 👥 **Choices for Reading,** 556 (556–563)
Day 2 *Daily Independent Reading and Writing*	**Daily Language Practice:** Sentence 2, 573J **Teacher Read Aloud:** Bibliography, 530B	👥 **Choices for Reading,** 556 (564–571) **Self/Informal Assessment,** 570 **Personal Response,** 572 **Literature Discussion,** 572
Day 3 *Daily Independent Reading and Writing*	**Daily Language Practice:** Sentence 3, 573J **Teacher Read Aloud:** Bibliography, 530B	👥 **Reread/Cooperative Read,** 573 **Comprehension Check,** 573; **LAB,** 224 **Selection Connections,** 572; **LAB,** 211–212
Day 4 *Daily Independent Reading and Writing*	**Daily Language Practice:** Sentence 4, 573J **Teacher Read Aloud:** Bibliography, 530B	**Responding:** Student Choice, 572–573 **Read:** *Invasion from Mars,* 574–579 **Response:** Student Choice, 579 • Taped Performance • Storyboard • Radio Days
Day 5 *Daily Independent Reading and Writing*	**Daily Language Practice:** Sentence 5, 573J **Teacher Read Aloud:** Bibliography, 530B	**Read:** *Extra! Extra!,* 580–581 **Response:** Newspaper Article, 581 *(or)* **Extend Independent Reading**

👥 = Meeting Individual Needs (small group)
✓ = Tested Skill
LAB = *Literacy Activity Book*

Instruct and Integrate

Teaching Reading Skills	Teaching Language Arts	Extending
Minilesson: Historical Fiction, 559 **Minilesson:** Fantasy and Realism, 563	✓ **Spelling Pretest:** Prefixes *un-, re-,* and *dis-,* 573H; **LAB,** 325, 326 👥 **Spelling:** Challenge Words, 573H ✓ **Grammar:** Adverbs and Comparing with Adverbs, 573I; **LAB,** 231 **Writing/Communication:** Elaborating with Adjectives and Adverbs, 573C; **LAB,** 226	
✓ **Comprehension:** Noting Details Minilesson, 569 (*and/or*) Interactive Learning, 573A; **LAB,** 225; Self/Informal Assessment, 573A **Vocabulary: LAB,** 228	✓ **Spelling:** Prefixes *un-, re-,* and *dis-,* 573H; **LAB,** 229 👥 **Spelling:** Challenge Words Practice, 573H ✓ **Grammar:** Adverbs and Comparing with Adverbs: Practice/Apply—Cooperative Learning, 573J; Informal Assessment, 573I **Writing/Communication:** Shared Writing: Frightening Descriptions, 573D	**Cross-Curricular:** Science/Mars: True or False, 573M
👥 ✓ **Reteaching Comprehension:** Noting Details, 573B ✓ **Phonics/Word Skills:** The Prefix *in-,* 573E; **LAB,** 227 **Minilesson:** Drawing Conclusions, 565	✓ **Spelling:** Prefixes *un-, re-,* and *dis-,* 573H; **LAB,** 230 ✓ **Grammar:** Adverbs and Comparing with Adverbs: Writing Application: Journal Entry, 573J **Writing/Communication:** Create a Whozit, 573L	
✓ **Comprehension:** Noting Details: Practice/Apply, 573A 👥 ✓ **Reteaching Phonics/Word Skills:** The Prefix *in-,* 573F **Minilesson:** Making Judgments, 575	✓ **Spelling:** Prefixes *un-, re-,* and *dis-,* 573H; Writing Application: **LAB,** 230 👥 ✓ **Reteaching Grammar:** Adverbs and Comparing with Adverbs, 573J **Grammar: LAB,** 232 **Writing/Communication:** Creating a Radio Drama, 573K	**Cross-Curricular:** Social Studies/How to Make Tin Can Stilts, 573M
Vocabulary: Proper Nouns and Proper Adjectives, 573G (cooperative) ✓ **Minilesson:** Newspaper, 581	✓ **Spelling Test:** Prefixes *un-, re-,* and *dis-,* 573H ✓ **Grammar:** Adverbs and Comparing with Adverbs: Students' Writing, 573J	**Cross-Curricular:** Social Studies/Combines, 537N

Introduce and Interact with the Literature

	Opening	Reading and Responding to Literature
Day 1 *Daily Independent Reading and Writing*	**Daily Language Practice:** Sentence 1, 607J **Teacher Read Aloud:** Bibliography, 530B	👥 **Support in Advance,** 585C **Prior Knowledge/Building Background,** 585C **Selection Vocabulary,** 585D; **LAB,** 233 **Reading Strategies:** Self-Question, Evaluate, Think About Words, 588 👥 **Choices for Reading,** 588 (588–599)
Day 2 *Daily Independent Reading and Writing*	**Daily Language Practice:** Sentence 2, 607J **Teacher Read Aloud:** Bibliography, 530B	👥 **Choices for Reading,** 588 (600–605) **Self/Informal Assessment,** 604 **Personal Response,** 606 **Literature Discussion,** 606
Day 3 *Daily Independent Reading and Writing*	**Daily Language Practice:** Sentence 3, 607J **Teacher Read Aloud:** Bibliography, 530B	👥 **Reread/Cooperative Read** **Comprehension Check,** 607; **LAB,** 234 **Selection Connections,** 606; **LAB,** 211–212
Day 4 *Daily Independent Reading and Writing*	**Daily Language Practice:** Sentence 4, 607J **Teacher Read Aloud:** Bibliography, 530B	**Responding:** Student Choice, 606–607 **Read:** *Whoppers,* 582–585
Day 5 *Daily Independent Reading and Writing*	**Daily Language Practice:** Sentence 5, 607J **Teacher Read Aloud:** Bibliography, 530B	👥 **Reread,** 582–585 **Response:** Student Choice, 585 • Similes • Canyons and Echoes • Canyons and Rivers (*or*) **Extend Independent Reading**

👥 = Meeting Individual Needs (small group)
✓ = Tested Skill
LAB = *Literacy Activity Book*

Instruct and Integrate

Teaching Reading Skills	Teaching Language Arts	Extending
Minilesson: Folklore, Tall Tale, 595 **Minilesson:** Think About Words, 607F	✓ **Spelling Pretest:** Words with Suffixes, 607H; **LAB,** 325, 326 👤 **Spelling:** Challenge Words, 607H ✓ **Grammar:** Prepositions and Prepositional Phrases, 607I; **LAB,** 241 **Writing/Communication:** Transforming Sentences, 607C; **LAB,** 236	
✓ **Comprehension:** Fantasy and Realism Minilesson, 597 (*and/or*) Interactive Learning, 607A; **LAB,** 235; Self/Informal Assessment, 607A **Vocabulary: LAB,** 238	✓ **Spelling:** Words with Suffixes, 607H; **LAB,** 239 👤 **Spelling:** Challenge Words Practice, 607H ✓ **Grammar:** Prepositions and Prepositional Phrases: Practice/Apply–Cooperative Learning, 607J; Informal Assessment, 607I **Writing/Communication:** Something to Write Home About, 607D	**Cross-Curricular:** Science/Growing a Tray Garden, 607M
👤 ✓ **Reteaching Comprehension:** Fantasy and Realism, 607B ✓ **Phonics/Word Skills:** Word Roots *auto* and *graph,* 607E; **LAB,** 237 **Minilesson:** Noting Details, 599	✓ **Spelling:** Words with Suffixes, 607H; **LAB,** 240 ✓ **Grammar:** Prepositions and Prepositional Phrases: Writing Application: Write a Letter, 607J **Writing/Communication:** Whopper Toppers, 607K	
✓ **Comprehension:** Fantasy and Realism: Practice/Apply, 607A 👤 ✓ **Reteaching Phonics/Word Skills:** Word Roots *auto* and *graph,* 607F **Minilesson:** Summarizing: Story Structure, 605	✓ **Spelling:** Words with Suffixes, 607H; Writing Application: **LAB,** 240 👤 ✓ **Reteaching Grammar:** Prepositions and Prepositional Phrases, 607J **Grammar: LAB,** 242 **Writing/Communication:** Ambiguous Art, 607L	**Cross-Curricular:** Social Studies/The McBrooms' Journey, 607N
Vocabulary: Prefixes *sub-* and *sur-,* 607G (cooperative) **Minilesson:** Repetition for Suspense, 601	✓ **Spelling Test:** Words with Suffixes, 607H ✓ **Grammar:** Prepositions and Prepositional Phrases: Students' Writing, 607J	**Cross-Curricular:** Social Studies/A World of Fruits and Vegetables, 607N

Introduce and Interact with the Literature

	Opening	Reading and Responding to Literature
Day 1 *Daily Independent Reading and Writing*	**Teacher Read Aloud:** Bibliography, 530B	👥 *Paperback Plus*—**Easy/Developmentally Appropriate:** *The Kid in the Red Jacket* 👥 *Paperback Plus*—**Average/Challenging:** *The Whipping Boy*
Day 2 *Daily Independent Reading and Writing*	**Teacher Read Aloud:** Bibliography, 530B	**See Teacher's Resource for *Paperback Plus*** *(and/or)* **any other developmentally appropriate titles for literature study.**
Day 3 *Daily Independent Reading and Writing*	**Teacher Read Aloud:** Bibliography, 530B	
Day 4 *Daily Independent Reading and Writing*	**Teacher Read Aloud:** Bibliography, 530B	**Read:** *Extraordinary Art,* 554–555 **Response:** Student Choice, 555
Day 5 *Daily Independent Reading and Writing*	**Teacher Read Aloud:** Bibliography, 530B	**Extend Independent Reading**

👥 = Meeting Individual Needs (small group)
✓ = Tested Skill
LAB = *Literacy Activity Book*

Instruct and Integrate

Teaching Reading Skills	Teaching Language Arts	Extending
See Teacher's Resource for appropriate *Paperback Plus* for suggestions.	**Reading-Writing Workshop:** (Application of Spelling/Grammar) **Connecting to *McBroom Tells the Truth,*** 608 **Introduce and Discuss:** Student Model, 608–611 **Story Grab Bag,** 611A 👤 **Minilesson:** Plot, 611A **Spelling Pretest:** Words Often Misspelled, 611E; **LAB,** 325, 326 👤 **Spelling:** Challenge Words, 611E	**Ongoing Theme Project:** Fictionary, 530H
See Teacher's Resource for appropriate *Paperback Plus* for suggestions.	**Prewriting,** 611A–611B, **LAB,** 243–244 **Drafting,** 611C 👤 **Minilesson:** Characters and Dialogue, 611B **Spelling:** Words Often Misspelled, 611E; **LAB,** 279 👤 **Spelling:** Challenge Words Practice, 611E	
See Teacher's Resource for appropriate *Paperback Plus* for suggestions.	**Revising,** 611C–611D 👤 **Minilesson:** Setting and Details, 611C **Writing Conference,** 611D **Spelling:** Words Often Misspelled, 611E; **LAB,** 280	
See Teacher's Resource for appropriate *Paperback Plus* for suggestions.	**Continue Revising: LAB,** 245 **Proofreading,** 611E **Spelling:** Words Often Misspelled, 611E; Writing Application: **LAB,** 280	See Teacher's Resource for appropriate *Paperback Plus* activities.
See Teacher's Resource for appropriate *Paperback Plus* for suggestions.	**Publishing and Sharing,** 611E–611F **Reflecting/Self-Assessment,** 611F **Evaluating,** 611F **Spelling Test:** Words Often Misspelled, 611E	

Introduce and Interact with the Literature

	Opening	Reading and Responding to Literature
Day 1 *Daily Independent Reading and Writing*	**Daily Language Practice:** Sentence 1, 629J **Teacher Read Aloud:** Bibliography, 530B	👥 **Support in Advance,** 611I **Prior Knowledge/Building Background,** 611I **Selection Vocabulary,** 611J; **LAB,** 246 **Reading Strategies:** Evaluate, Summarize, 612 👥 **Choices for Reading,** 612 (612–621)
Day 2 *Daily Independent Reading and Writing*	**Daily Language Practice:** Sentence 2, 629J **Teacher Read Aloud:** Bibliography, 530B	👥 **Choices for Reading,** 612 (622–627) **Self/Informal Assessment,** 626 **Personal Response,** 628 **Literature Discussion,** 628
Day 3 *Daily Independent Reading and Writing*	**Daily Language Practice:** Sentence 3, 629J **Teacher Read Aloud:** Bibliography, 530B	👥 **Reread/Cooperative Read,** 626 **Comprehension Check,** 628; **LAB,** 247 **Selection Connections,** 628; **LAB,** 211–212
Day 4 *Daily Independent Reading and Writing*	**Daily Language Practice:** Sentence 4, 629J **Teacher Read Aloud:** Bibliography, 530B	**Responding:** Student Choice, 628–629 **Read:** *What on Earth?*, 630–633 **Response:** Create a Folktale, 631
Day 5 *Daily Independent Reading and Writing*	**Daily Language Practice:** Sentence 5, 629J **Teacher Read Aloud:** Bibliography, 530B	👥 **Reread,** 630–633 **Extend Independent Reading**

👥 = Meeting Individual Needs (small group) ✓ = Tested Skill **LAB** = *Literacy Activity Book*

Instruct and Integrate

Teaching Reading Skills	Teaching Language Arts	Extending
Minilesson: Sequence of Events, 619 **Minilesson:** Run-On Entries, 629F	✓ **Spelling Pretest:** Prefixes *pre-, per-,* and *pro-,* 629H; **LAB,** 327, 328 📖 **Spelling:** Challenge Words, 629H ✓ **Grammar:** Object Pronouns in Prepositional Phrases/Using *I* and *me,* 629I; **LAB,** 254 **Writing/Communication:** Writing an Explanation, 629C; **LAB,** 249	
✓ **Comprehension:** Topic, Main Idea, Supporting Details, and Summarizing Minilesson, 625 (*and/or*) Interactive Learning, 629A; **LAB,** 248; Self/Informal Assessment, 629A **Vocabulary: LAB,** 251	✓ **Spelling:** Prefixes *pre-, per-,* and *pro-,* 629H; **LAB,** 252 📖 **Spelling:** Challenge Words Practice, 629H ✓ **Grammar:** Object Pronouns in Prepositional Phrases/Using *I* and *me*: Practice/Apply–Cooperative Learning, 629J; Informal Assessment, 629I **Writing/Communication:** Explain How to "Dig It," 629D	**Cross-Curricular:** Science/Make Your Own Fossils, 629N
📖 ✓ **Reteaching Comprehension:** Topic, Main Idea, Supporting Details, and Summarizing, 629B ✓ **Phonics/Word Skills:** Vocabulary: Using Context, 629E; **LAB,** 250 **Minilesson:** Problem Solving and Decision Making, 623	✓ **Spelling:** Prefixes *pre-, per-,* and *pro-,* 629H; **LAB,** 253 ✓ **Grammar:** Object Pronouns in Prepositional Phrases/Using *I* and *me*: Writing Application: Description, 629J **Writing/Communication:** Giving and Listening to Oral Presentations, 629K	
✓ **Comprehension:** Topic, Main Idea, Supporting Details, and Summarizing: Practice/Apply, 629B 📖 ✓ **Reteaching Phonics/Word Skills:** Vocabulary: Using Context, 629F **Minilesson:** Photo Essay, 633	✓ **Spelling:** Prefixes *pre-, per-,* and *pro-,* 629H; Writing Application: **LAB,** 253 📖 ✓ **Reteaching Grammar:** Object Pronouns in Prepositional Phrases/Using *I* and *me,* 629J **Grammar: LAB,** 255 **Writing/Communication:** Viewing Skeletons, 629L	**Cross-Curricular:** Social Studies/Stage an Archaeological Dig, 629N
Vocabulary: Animal Words, 629G (cooperative)	✓ **Spelling Test:** Prefixes *pre-, per-,* and *pro-,* 629H ✓ **Grammar:** Object Pronouns in Prepositional Phrases/Using *I* and *me*: Students' Writing, 629J	**Celebrating the Theme:** "Do You *Believe* This??" Day, 633C

Appendix

• •

Strategies for Making Literature Accessible to All Students

Teacher Note:

Teachers concerned about students reading below grade level or students having difficulty with vocabulary, decoding, or comprehension may wish to use these strategies. They may be used before, during, or after the initial reading of the literature. These strategies are designed for narrative text, but most can be used with expository text as well.

Reading Aloud

Teacher reads aloud as students follow along in their own text.

Guided Reading

Teacher guides reading of specific number of pages and monitors comprehension of text.

Echo Reading

Teacher reads sections of print and students reread the section as an echo.

Choral Reading

Teacher and students read together orally.

Impress Reading

A fluent reader (or teacher) and a student read orally simultaneously.

Paired Reading

Children read orally in pairs by taking turns.

Radio Reading

Emphasis placed on the message, not word-perfect reading. Students not reading must close their books and listen to the "broadcast" as one would listen to the radio.

Reader's Theater

For stories written in play form or containing dialogue, students are assigned character parts. Any selection may be put in script form as a play or written with dialogue.

Inquiry Reading

Students read silently for a specific purpose. They read to find the answer to a teacher- or student-posed question or to find evidence to support an answer. The answer/evidence is found through silent reading and shared by reading aloud.

Cross-Grade

Upper grade students reading below grade level may read the primary text to students in the primary grades, or classes may pair up and have both students read to each other.

Written Cloze

Selected vocabulary words are omitted or covered. The reader uses phonics and context clues to predict what the hidden word could be.

Lifting Sentences

After reading a selection, students copy sentences from the text that highlight key events in the plot to form a summary of the literature.

Cooperative Reading

Students work with a partner or small group and divide reading in the following ways:

- **Equal:** Divide into equal amounts (take turns reading a page).

- **Page and Paragraph:** Divide into unequal amounts (generally, those who enjoy reading aloud read a page, and those who do not enjoy reading read a paragraph).

- **Page, Paragraph, or Pass:** Pass step for those students not comfortable reading in front of the group (student allowed to pass).

- **Silent with Support:** Students read silently, but may turn to partner or group member for help with understanding vocabulary or confusing text. Students may also be directed to stop at designated points to summarize and clarify key events.

Tapping Reading

Teacher begins reading aloud. While continuing to read, the teacher taps a student on the shoulder, who then joins in reading aloud. The teacher continues tapping students until as many students as possible have a chance to read.

Jigsaw Reading

Cooperative groups read different sections of the story. The next day the groups come together and each reads their particular section. This puts the story together like a puzzle. The technique works best with nonfiction or mysteries.

Tape-Record Stories

Have different people tape-record stories. Students then guess who is the "mystery reader." Also, have students tape themselves reading at various times throughout the year.

Independent Reading with Self-Adhesive Notes

Students read independently but have some self-adhesive notes at their desk. When they come to a difficult word or are having trouble comprehending a particular part of the story, they put a self-adhesive note on that page. This acts as a "flag" to the teacher that the students need help. The teacher can then come to the students' aid without disrupting the rest of the class.

Meeting Individual Needs: Additional Resources

Anthology Audio Tapes (Grades 1–6)
Taped readings of major anthology selections provide extra support.

Big Book and Big Book Plus Audio Tapes
Audio tapes help students listen and/or reread to increase comprehension and fluency.

Little Readers: A Guided-Reading Program
A collection of books with teacher support for guided reading, available for grades 1 and 2.

Phonics Bookshelf Books
Phonics Bookshelf books provide specific phonics/decoding skills practice for readers.

Watch Me Read Books and Take-Home Books
Watch Me Read books provide students with cumulative phonics/decoding skills practice, while the black-and-white version of each book helps promote reading outside of school.

Phonics Center
Additional hands-on phonics activities and resources.

Phonics Home Connection
Phonics activities for students and their families to do together.

Phonics in The Listening Corner
This listening center resource provides extra phonics support and practice for students.

Houghton Mifflin Phonics
This resource provides extra phonics support and practice for students.

Extra Support Handbook
Support for coordinating Title 1 instruction with classroom teachers, as well as additional teaching activities for each major selection and related reading skills.

Students Acquiring English Handbook
Teaching ideas and extra support for working with students who are learning English; specific support for each literature selection.

Home/Community Connections Handbook

Thematically-linked reading activities and cross-curricular activities for students and their families to do together.

Language Resources

Additional resources support the literature in *Invitations to Literacy* in Chinese, Hmong, Cambodian, and Vietnamese.

Early Success: The Early Intervention Program

These kits offer resources to accelerate literacy growth in students in grades 1 and 2. The teaching plan provides daily small-group lessons in reading, writing, and working with words. Each complete kit for grade 1 and grade 2 includes:

- 30 little story books (7 copies of each)
- Letter cards and trays (7 sets)
- Story Summaries (consumable, 6 copies)
- Teacher's Manual and Staff Development Video

¡Sí puedo! Un programa de intervención

For Spanish speaking students, *¡Sí puedo!* is a parallel program to Early Success with story books and summaries written in Spanish and a Teacher's Manual in English and Spanish.

SOAR TO SUCCESS: The Intermediate Intervention Program

These kits offer resources to accelerate literacy growth in students in grades 3–6. The teaching plan provides daily small-group lessons in reading and writing. Each complete kit for grades 3–6 includes:

- 18 books (7 copies of each)
- Student Guide (consumable, 6 copies)
- Teacher's Manual and Staff Development Video

Great Start™ CD-ROM

The *Great Start* CD-ROM software series offers interactive pre-reading support in English and Spanish for each major anthology selection at grades 2–6, by providing background-building activities, interactive story summaries, support for selection vocabulary, and support for independent reading.

Curious George® Learns Phonics CD-ROM

Curious George helps children in grades 1 and 2 learn, practice, and apply phonics skills while engaging in interactive reading.

Curious George® Learns to Spell CD-ROM

Curious George helps children in grades 1 and 2 learn, practice, and apply spelling principles while engaging in interactive spelling activities.

Spelling Spree!™ CD-ROM

Students in grades 3–6 can use the interactive Spelling Spree! CD-ROM software to practice and apply spelling principles.

Internet: Education Place

Students can log onto www.eduplace.com for exciting writing and cross-curricular activities.

Channel R.E.A.D. Videodiscs

These interactive videodiscs provide reading and comprehension skills support in English and Spanish.

Ultimate Writing & Creativity Center Software

Students in grades 1–4 can use the Learning Company's CD-ROM software to create, edit, and publish their own writing.

Student Writing Center

Students at grades 5 and 6 can use the Student Writing Center software to create, edit, and publish their own writing.

Invitaciones

This literacy program offers parallel instruction to *Invitations to Literacy* in Spanish for grades K–5. *Antologías* (Anthologies) and *Libros grandes EXTRA/ Libritos grandes EXTRA* (Big Books PLUS/Little Big Books PLUS) contain the program's thematically organized core literature and related real-world resources.

Transitions in Literacy

This flexible set of classroom resources supports fluent Spanish readers as they make the transition into the English reading curriculum. Students progress through selected *Invitations to Literacy* literature at increasing levels of difficulty, while acquiring English vocabulary, phonics and grammar skills, and oral and written language fluency.